Doris Kirch
**Geführte Meditationen: Fantasiereisen und Imaginationen**
Ein Handbuch zum fachgerechten Planen, Schreiben und Anleiten

www.junfermann.de

blogweise.junfermann.de

www.facebook.com/junfermann

twitter.com/junfermann

www.youtube.com/user/Junfermann

www.instagram.com/junfermannverlag

DORIS KIRCH

# GEFÜHRTE MEDITATIONEN: FANTASIEREISEN & IMAGINATIONEN

EIN HANDBUCH ZUM FACHGERECHTEN
PLANEN, SCHREIBEN UND ANLEITEN

Junfermann Verlag
Paderborn
2010

| | |
|---|---|
| Copyright | © Junfermann Verlag, Paderborn 2010 |
| Coverfoto | © vision images – Fotolia.com |
| Covergestaltung / Reihenentwurf | Christian Tschepp |
| Satz | JUNFERMANN Druck & Service GmbH & Co KG, Paderborn |

Bibliografische Information der Deutschen Nationalbibliothek

Die Deutsche Nationalbibliothek verzeichnet diese Publikation in der Deutschen Nationalbibliografie; detaillierte bibliografische Daten sind im Internet über http://dnb.d-nb.de abrufbar.

ISBN 978-3-87387-760-3
*Dieses Buch erscheint parallel als E-Book.*
*ISBN 978-3-87387-920-1 (EPUB), 978-3-95571-275-4 (PDF),*
*978-3-95571-274-2 (MOBI).*

# Inhalt

# *Vorwort*

Sind Geführte Meditationen nichts weiter als „Pille-Palle"-Geschichtchen zur Entspannung für Kinder und Esoteriker? Weit gefehlt! Ich stelle immer wieder fest, wie sehr die Wirkungen und Chancen von Geführten Meditationen allgemein unterschätzt werden. Wie Sie in diesem Buch sehen werden, gibt es verschiedene Möglichkeiten, mit den Bildern des Inneren zu arbeiten. Ihr kleinster gemeinsamer Nenner ist, dass sie alle ins Unterbewusstsein eingreifen. Mal mehr – mal weniger. So haben selbst simpelste spannungslose Geschichten mit Bildbeschreibungen aus der Natur tiefe Auswirkungen auf die menschliche Psyche. Sie beeinflussen das Unterbewusstsein ebenso nachhaltig wie gezielte hypnotische Suggestionen.

Wenn wir mit Geführten Meditationen arbeiten, greifen wir also tief ins Seelenleben anderer Menschen ein. Es liegt auf der Hand, dass dies einen überaus verantwortungsvollen Umgang erfordert, den Sie nur dann gewährleisten können, wenn Sie wissen, was Sie tun.

Dieses Buch ist dafür gedacht, Ihnen dieses Wissen zu vermitteln. Sie erwartet deshalb nicht das tausendste Sammelsurium fertig verarbeiteter (Fast-Food)-Geschichten und Anleitungen, sondern ein solides Fachbuch als Handwerkszeug für den Spitzenkoch der Haute Cuisine – um bei diesem Bild zu bleiben. Sie lernen, hochwertige Zutaten zu besorgen und sie vorzubereiten, um mittels Ihrer eigenen Kreativität ein Menü zu zaubern, das die Geschmacksknospen der Verzehrenden Party feiern lässt. Und da Sie wissen, was Sie tun, bleibt es ein Genuss ohne Reue für Ihr Klientel, weil es sich an ihm garantiert nicht den Magen verdirbt.

Ich blicke auf 25 Jahre Arbeit im Fachbereich Meditation und Entspannungsverfahren zurück. Das macht mich zum geübten Scout durch einen Wissensdschungel, der Ihnen möglicherweise noch nicht vollkommen vertraut ist. Lassen Sie uns gemeinsam diesen Dschungel erkunden. Da gibt es Wege, die ich oft gegangen bin, und deshalb kenne ich die nahrhaften Früchte, gefährlichen Tiere, einzigartigen Pflanzen, Wasserstellen und sicheren Schlafplätze, die ich Ihnen gerne zeigen möchte.

Sie merken, ich habe Sie bereits in diesem Vorwort in metaphorische Bilderwelten eintauchen lassen. – Nüchtern ausgedrückt bekommen Sie in diesem Buch das Know-how, das Sie brauchen, um sich im Bereich von Geführten Meditationen sicher bewegen zu können. Die Grundlagen der hier vermittelten Inhalte basieren auf jahrtausendealtem Wissen verschiedener Kulturen unserer Erde sowie auf den Erkenntnissen der Tiefenpsychologie, der modernen Neuropsychologie und der integralen Bewusstseinsforschung.

Übrigens habe ich es mir erspart, die Texte durch die gleichzeitige Verwendung der männlichen und der weiblichen Form zu verstümmeln und wechsle deshalb zwischen beiden hin und her. Sie dürfen gerne nach Belieben im Geiste die fehlende Form ergänzen oder ersetzen.

# 1. Geführte Meditationen – eine Reise nach innen

In diesem Kapitel stimme ich Sie auf unser Thema ein. Ich werde aufzeigen, dass wir es tatsächlich mit einer Art „Reise" zu tun haben. Sie lernen, wesentliche Begrifflichkeiten aus unserem Fachbereich zu differenzieren und mit Inhalten zu füllen.

Wenn Sie sich in der Fachliteratur umschauen, werden Sie feststellen, dass es viele verschiedene Formen von Geführten Meditationen gibt. Auch wenn Bezeichnungen, Inhalte und Vorgehensweisen voneinander abweichen, kann man doch jede dieser Übungen als eine Art „Reise" betrachten – eine Reise nach innen.

Zum besseren Verständnis für den Ablauf einer Geführten Meditation greife ich auf eine Darstellung des Buchautors Rüdiger Maschwitz[1] zurück, der das Geschehen sehr treffend wie einen Ausflug beschrieben hat:

···⟩ Als Erstes wird mit der Planung der Reise begonnen. Dabei wird entschieden, welches Gebiet und vielleicht auch welches Ziel (**Thema**) für die Reisenden interessant sein könnte.
Geplant werden: Interessante Wege, einzelne Etappen und Sehenswürdigkeiten. (**Ablauf der angeleiteten Meditation**)

···⟩ Je nach Alter der Reisenden, ihrer Reiseerfahrung und ihrer Selbstständigkeit wird nun eine mehr oder weniger enge Leitungsform gewählt: Es gibt Personen, die muss man ans Händchen nehmen und sie überall hinführen, während andere lieber alleine auf Entdeckungsreise gehen. (**Menge und Art der Vorgaben**)

···⟩ Jede Reise ist unter anderem so gut wie ihr Fortbewegungsmittel – es sollte also möglichst bequem sein. (**Räumliche Situation, Körperhaltung**)

···⟩ In der Regel gibt es einige administrative Dinge, die erledigt werden müssen, bevor es endlich losgehen kann ... und das Gepäck muss auch noch verstaut werden. (**Vorstellen des Seminarleiters, Kurzbeschreibung der Methode und des Ablaufs, Ausstiegsofferte etc.**)

---

1    Rüdiger Maschwitz: *Phantasiereisen zum Sinn des Lebens.* Kösel. 1998.

⋯⟩ Wenn das alles geklärt ist, kommen die klassischen „Kasperle-Fragen": „Seid ihr alle da?" und „Wollt ihr alle mit?".
Wenn alle begeistert „Jaaa" rufen, kann es endlich losgehen. **(Einholen des Einverständnisses zur Durchführung)**

⋯⟩ Nun können die Reisenden tief durchatmen und sich zurücklehnen, denn die Reise beginnt. **(Induktion)**

⋯⟩ Die Reise wird in dem zuvor gewählten Stil moderiert und begleitet. Dabei muss der Reiseleiter aufpassen, dass niemand verloren geht. Die Teilnehmer werden das Ihre aus der Reise machen. Sie werden schauen, Anregungen aufnehmen und hier und da eigene Seitenwege gehen. Vielleicht verschlafen sie die Reise aber auch. **(Hauptteil: die Geschichte)**

⋯⟩ Am Ende der Reise muss darauf geachtet werden, dass alle auch wieder aussteigen. **(Herausführen)**

⋯⟩ Die Erlebnisse solch einer Reise werden schnell vergessen. Deshalb ist es gut, sich anschließend Notizen zu machen, um die Erlebnisse für sich festzuhalten. **(Zeit zum Nachklingen)**

⋯⟩ Bei einem gemeinsamen Nachtreffen können Erfahrungen über die Erlebnisse ausgetauscht werden. Manch einer sieht die Reise noch einmal mit anderen Augen und wird auf Dinge aufmerksam, die ihm während der Reise entgangen waren. **(Sinnlich gestalteter Ausdruck; Austausch)**

Nicht alle Menschen reisen gerne und nicht immer besteht Einigkeit über ein gemeinsames Ziel: Während der eine ans Meer will, möchte der andere lieber in die Berge. So ähnlich ist es auch mit den angeleiteten Übungen.

Im Folgenden werden wir uns den einzelnen Schritten dieser Reisen nach innen widmen und mit jeder Seite wird Ihr Wissen darum wachsen, wie Sie verantwortungsvoll und professionell mit der Methode der Geführten Meditationen umgehen.

## 1.1 Who is who in Poseidons mächtigen Meeren?

Ihre Klienten dürfen mit Recht von Ihnen erwarten, dass Sie sich in Ihrem Arbeitsfeld auskennen. Dazu gehört auch, dass Sie wissen, worüber Sie reden und dass Sie die Hintergründe der Begriffe kennen, die Sie verwenden. Aus diesem Grund ist es erforderlich, zunächst grundsätzliche Begrifflichkeiten zu klären und einige Differenzierungen vorzunehmen.

Wir haben es bei diesem Thema mit einer beachtlichen begrifflichen Vielfalt zu tun. Im Folgenden werde ich mich bemühen, Klarheit und Orientierung in diese verschiedenen Bezeichnungen und ihre Bedeutungen zu bringen. Der Grund dafür ist Neptun, Gott des Meeres, der bei den Griechen Poseidon genannt wird. Im Fachbereich der Meditation, Entspannung und Fantasiereisen befinden wir uns in seinem Reich – wir schwimmen sozusagen in „Poseidons mächtigen Meeren". Fassbarer wird diese Aussage, wenn wir uns die mythologisch-astrologische Bedeutung dieses Gottes anschauen. Es gibt ein Sternzeichen, das dessen mythologische Themen beinhaltet: das Zeichen Fische mit seinem Herrscher, dem Planeten Neptun.

Wie jedes Ding in unserer dualen Welt hat auch die neptunische Symbolik eine Licht- und eine Schattenseite. Die lichte Seite Neptuns ist der Archetyp[2] des Mystikers, des Sehers. Zu seiner Welt gehören Übersinnliches, Spirituelles, Ekstase, Trance, Fantasie und Meditation. Auf seiner dunklen Seite wandeln sich seine positiven Eigenschaften Mitgefühl, grenzenlose Hingabe, Intuition und Sensibilität in Nebulöses, Undurchdringliches, Verschwommenes, Unklares. Es gibt keine klaren Grenzen mehr, nichts, woran man sich festhalten oder auch nur orientieren könnte.

Mit diesem kleinen Ausflug in Mythologie und Astrologie dürfte auch ohne eine Wertung der neptunischen Eigenschaften klar sein, womit wir es zu tun haben. Wir arbeiten in einem Bereich, in dem wir damit leben müssen, dass wir keine klaren Zuordnungen, keine messbaren Parameter, keine verlässlichen Klassifizierungen und keine allgemeingültigen Begrifflichkeiten definieren können. Nicht einfach für unser westliches, linear denkendes Hirn. Dennoch wage ich im Folgenden den Versuch, verschiedene Begrifflichkeiten – so gut es eben geht – zu definieren, um eine gewisse Orientierung zu ermöglichen. Gewisse Unschärfen oder Überschneidungen sind dabei nicht immer zu vermeiden. Da es keine einheitlichen Bezeichnungen gibt, die durch ihren Namen auf spezifische Inhalte schließen lassen würden, hat jeder Kurs- und Seminarleiter mehr oder weniger seine eigene Vorstellung von den Begriffen, mit denen er arbeitet. Wenn von einem Kurs in Progressiver Mus-

---

2    Archetypen = Im Unterbewusstsein verankerte Bilder, die Symbole für menschliche Urerfahrungen wie Geburt, Tod, Pubertät, ein Kind bekommen etc. darstellen. Die bekanntesten Archetypen sind die Mutter, der Held und der Baum.

kelentspannung die Rede ist, ist relativ klar, was einen dort erwartet – im Bereich der Geführten Meditationen ist das nicht der Fall. Auch die gängige Fachliteratur spiegelt das Desaster der mangelnden übereinstimmenden Begriffsfindung wider. So kursieren allgemein verschiedene Bezeichnungen, die zum Teil mit recht unterschiedlichen Techniken, Inhalten und Zielsetzungen gefüllt sind:

···⟩ Geführte Meditationen
···⟩ Fantasiereisen
···⟩ Gelenkte Fantasiereisen
···⟩ Geführte Imaginationen
···⟩ Aktive Imagination
···⟩ Imaginative Entspannung
···⟩ Wachtraumtechnik
···⟩ Tagträumen
···⟩ Katathymes Bilderleben

Ich habe für dieses Buch *Geführte Meditationen* als Oberbegriff für alle diese Bezeichnungen gewählt. Der Übersichtlichkeit halber habe ich dann eine Unterteilung in *Fantasiereisen* und *Imaginationen* vorgenommen – eine Aufteilung, die sich aus der Art der Anleitung ergibt, denn Geführte Meditationen können auf verschiedene Weise durchgeführt werden:

### Fantasiereisen

Die Geschichten und die damit zusammenhängenden Bilder werden weitgehend vorgegeben. Der Anleitende führt die Meditation durch und schließt sie auch ab – die Angeleitete bleibt dabei eher passiv.

### Imaginationen

Beim Imaginieren dürfen innere Bilder spontan entstehen, ebenso wie sich daraus ergebende weitere Flüsse und Veränderungen dieser Bilder. Dem Anleitenden kommt die Funktion eines Begleiters, eines Gesprächspartners zu, der jedoch nicht suggestiv in das innere Erleben eingreift.

Dass ich diese Unterteilung etwas vorsichtig formuliert habe, hängt damit zusammen, dass die meisten Anleitungen Mischformen aus beiden Varianten sind.

Im Wesentlichen verfolgen Geführte Meditationen folgende Ziele:

···⟩ *Entspannung und Regeneration*
In den meisten Entspannungs-Kursen und -Seminaren werden Fantasiereisen angeboten, die eine Distanzierung vom Alltag ermöglichen sollen. Das Erleben vorgegebener Bilder – meistens schöne, harmonische Naturbeschreibungen – soll

körperlich-geistige Entspannung und Regeneration bewirken, um wieder neue Kraft für den Alltag zu schöpfen.

···⟩ *Selbsterkenntnis*
Spezielle Imaginationen, wie zum Beispiel die Übung auf Seite 178, können dazu dienen, mehr über sich zu erfahren, um sein Selbst- und Fremdbild mit der Umgebung abzugleichen und zu befreiteren Denk- und Verhaltensweisen zu finden, die ein selbstbestimmteres und erfüllteres Leben ermöglichen.

···⟩ *Bewältigung der alltäglichen Herausforderungen*
Beim Imaginieren haben wir die Möglichkeit, Situationen aus einer sicheren Distanz heraus zu beobachten und so unvoreingenommener zu bewerten. Die Fantasie erlaubt es, sich bildhaft und gefühlt vorzustellen, wie wir eine schwierige Lage erfolgreich gemeistert haben. Die inneren Bilder unserer bisherigen erfolglosen Versuche, mit den Situationen fertig zu werden, werden durch positive Bilder ersetzt, die den inneren Glauben an die Selbstwirksamkeit und damit das Selbstbewusstsein festigen.

···⟩ *Bewältigung psychischer Probleme*
Eine andere Intention ist gezielt therapeutisch ausgerichtet. Die Klienten arbeiten mithilfe ihrer inneren Bilder an psychischen Problemen oder durchlittenen Traumen. Manchmal wird gezielt Einfluss auf bestimmte Bewusstseinsinhalte, Denk- und Verhaltensmuster genommen. Was das im Einzelnen ist, hängt vom vorher definierten Ziel ab.

···⟩ *Erhöhung von Motivation und Leistungsfähigkeit*
Weniger aus therapeutischen Gründen, aber ebenfalls sehr zielorientiert wird das Unterbewusstsein von Führungskräften und Sportlern mittels bestimmter Bildtechniken beeinflusst, um deren Motivation und Leistungsfähigkeit zu steigern.

## 1.2 Visualisierst du noch oder imaginierst du schon?

Laien verwenden die Begriffe *Visualisieren* und *Imaginieren* oft missverständlich. Wenn Sie jedoch verantwortlich mit diesen Methoden arbeiten und sich als fachkundig zeigen möchten, sollten Sie den genauen Unterschied kennen. Diese Bezeichnungen beschreiben zwei verschiedene Formen der Arbeit mit inneren Bildern. Zum besseren Verständnis schauen wir sie uns im Folgenden etwas näher an.

### Visualisieren

Visualisieren bezeichnet man auch als die *aktive Form* der Arbeit mit inneren Bildern. Der Duden verrät uns, dass Visualisieren zum optischen Sehen gehört. Es geht darum, etwas in Bildform, in Anschauung umzusetzen, es grafisch zu gestalten (zum Beispiel Werbe*ideen*).

Visualisieren ist keine besondere Technik, die wir dann und wann anwenden, sondern wir visualisieren ständig – und meistens ohne uns dessen bewusst zu sein. In Untersuchungen wurde übrigens festgestellt, dass Menschen meistens negativ visualisieren, zum Beispiel indem sie sich um zukünftige Geschehnisse sorgen oder sich den Kopf über Vergangenes zerbrechen.

### Imaginieren

Das Imaginieren wird auch als die *passive Form* der Arbeit mit inneren Bildern bezeichnet. Im Duden wird das Wort *imaginär* als etwas erklärt, das nur in der Einbildung, der Vorstellung vorhanden ist. Imagination bedeutet demzufolge Einbildungskraft oder Fantasie. Ein *Image* ist eine *Vorstellung*, die die Öffentlichkeit von einer Person, einer Firma oder Ähnlichem hat. Im Englischen bedeutet das Wort »*imagination*« Bildersprache, Metaphorik und »*imaginative*« heißt: ideenreich, einfallsreich.

All diese Beschreibungen weisen darauf hin, dass es sich beim Imaginieren nicht um die Vorstellung von etwas Realem handelt, sondern um etwas, das unserer Fantasie entspringt.

Interessant sind in diesem Zusammenhang auch Ausführungen zur Silva-Mind-Control-Methode[3], die ich mir während einer entsprechenden Ausbildung vor vielen Jahren notiert hatte:

---

3 Die Silva-Mind-Control ist eine Technik zur Bewusstseinskontrolle und Bewusstseinserweiterung. Sie wurde von dem Parapsychologen José Silva entwickelt und wird seit 1966 in über 100 Ländern der Erde gelehrt. Einige Millionen Menschen haben die Silva-Mind-Seminare bisher besucht.

„Rufen Sie sich ein Problem des eigenen Lebens in Erinnerung. Erzeugen Sie Alpha und visualisieren Sie die entsprechende Situation. Visualisieren bedeutet nichts weiter, als sich im Geist etwas in Erinnerung zurückzurufen, das Sie bereits kennen oder gesehen beziehungsweise sich schon einmal vorgestellt haben. Imaginieren hingegen bedeutet, sich im Geist etwas auszumalen, von dem man noch kein reales Bild hat.

(...) In solchen Fällen müssen Sie imaginieren, nicht visualisieren, das heißt, Sie müssen sich etwas Unbekanntes vorstellen.

(...) Manchen Menschen fällt es leichter zu visualisieren (also sich etwas Bekanntes vorzustellen) als zu imaginieren. Beim Imaginieren haben sie das Gefühl, ziellos im Bereich Ihrer Fantasie umherzuirren. (...)

(...) Man hat herausgefunden, dass imaginierte Bilder beachtlich realitätstreu ausfallen. Anders ausgedrückt scheinen wir in der Lage zu sein, Kraft der Imagination Informationen aufzuspüren, die außerhalb der Reichweite unseres gewöhnlichen Wahrnehmungsvermögens liegen."

In der praktischen Arbeit lassen sich die Prozesse des Visualisierens und Imaginierens nicht klar voneinander trennen, da sie meistens ineinander übergehen. Statt mit einem Entweder-oder haben wir es hier in der Regel eher mit einem Sowohl-als-auch zu tun.

*Beispiel:*
Wir führen die Teilnehmer in ihrer Fantasie zu sich nach Hause, in ihr eigenes Zimmer. Wir laden sie dazu ein, sich dort umzusehen, den Raum zu durchstreifen und sich alle Dinge anzuschauen – vielleicht auch in die Hand zu nehmen –, die sie dort vorfinden (visualisieren). Im nächsten Schritt lassen wir sie Veränderungen in dem Zimmer vornehmen: „Vielleicht möchtest du dein Zimmer renovieren, es vielleicht mit neuen Möbeln ausstatten oder einen Balkon anbauen?" Und dann geben wir den Teilnehmern die Möglichkeit, ihrer Fantasie Raum zu geben und ein neues Zimmer vor ihrem inneren Auge entstehen zu lassen (imaginieren).

## 1.3 Alles ist möglich: die Macht der Fantasie

Vor allem beim Imaginieren bedienen wir uns der Fantasie. Fantasie ist die natürliche Fähigkeit, sich etwas vorzustellen, also Bilder und Gefühle im Bewusstsein entstehen zu lassen. Das Wunderbare dabei ist: In der Fantasie ist alles möglich – sie sprengt die Grenzen des rationalen Verstandes. In der Welt unserer inneren Bilder ist der Geist von seinen Fesseln befreit. Wir machen das Unmögliche möglich, indem wir unserem logischen Denken eine Pause verschaffen. Wir können spielerisch Neues entdecken und dadurch auf Ideen zur Lösung von Problemen oder Handlungsmöglichkeiten stoßen, auf die wir durch bloßes Nachdenken nicht gekommen wären.

Die Fantasie hat einen großen Einfluss auf unsere Emotionen, unsere Körperfunktionen und Handlungsweisen, was man sich bei den Geführten Meditationen zunutze macht. Niemand wird an dieser Aussage zweifeln – kennen wir doch alle die Auswirkungen sexueller Fantasien auf unseren Körper. Besonders dieses Beispiel zeigt deutlich eine interessante Eigenschaft unseres Gehirns auf: Es unterscheidet nämlich nicht, ob etwas real geschieht oder nur in unserer Einbildung – in beiden Fällen setzt es die gleichen physiologischen Reaktionen in Gang.

Auch wenn die Zielsetzungen, Vorgehensweisen, Inhalte und Abläufe von Geführten Meditationen und Imaginationen recht verschieden sein können, gibt es einen kleinsten gemeinsamen Nenner: Alle Methoden arbeiten mit den Bildern und Inhalten des Unterbewusstseins.

Gezielt auf Denk- und Verhaltensweisen einzuwirken, erfordert ein gewisses Maß an psychologischem, transpersonalem und verhaltenstherapeutischem Grundwissen und an Kenntnissen über die Wirkungsweise von Visualisierungen und Affirmationen.

### ⓘ Grundsätzliche Anmerkung zu den Verständnisüberprüfungen

Am Ende jedes Kapitels finden Sie eine Verständnisüberprüfung, die Ihnen dabei hilft, das Erlernte noch einmal aufzuarbeiten und auf den Punkt zu bringen.

Es zeichnet eine Fachkraft aus, wenn sie weiß, was sie tut. Nach außen dokumentiert sie dies zum Beispiel dadurch, dass sie selbst komplexe Inhalte ihrer Arbeit mit wenigen prägnanten Sätzen erklären kann.

Diese Lernerfolgskontrollen geben Ihnen die Möglichkeit, diese Fähigkeit ausführlich zu üben. Damit Ihre Erklärungen nicht zu wortreich werden (in der Kürze liegt die Würze!), steht Ihnen zur Beantwortung jeweils nur so viel Platz zur Verfügung, wie Sie für eine präzise Antwort maximal benötigen.

# 1.4 Verständnisüberprüfung

(Lösungsvorschläge finden Sie auf Seite 139.)

1. Was versteht man unter dem Begriff „Geführte Meditationen"?

_____

_____

_____

_____

_____

2. Welche anderen Bezeichnungen für diese Methoden gibt es noch?

_____

_____

_____

3. Welche Zielsetzungen gibt es im Bereich der Geführten Meditationen?

_____

_____

_____

_____

4. Erklären Sie den Begriff „Visualisieren".

_____

_____

_____

5. Erklären Sie den Begriff „Imaginieren".

_____

_____

_____

6. Können Visualisierung und Imagination in einer angeleiteten Meditation klar voneinander abgegrenzt werden?

○ Ja    ○ Nein

Begründen Sie Ihre Antwort und geben Sie ein Beispiel.

_____

_____

_____

_____

_____

7. Erklären Sie mit zwei kurzen Sätzen, was wir unter „Fantasie" verstehen.

_____

_____

_____

_____

8. Was ist das Besondere an Fantasie? Zählen Sie drei wesentliche Faktoren auf.

_____

_____

_____

# 2. Alpha – die besondere Frequenz

Zunächst möchte ich Ihr Verständnis dessen, was im menschlichen Bewusstsein beziehungsweise im Gehirn vor sich geht, ein wenig vertiefen, denn zu einem umfassenden Wissen über Geführte Meditationen gehört nicht nur, zu wissen, dass etwas funktioniert, sondern auch, wie und warum.

In diesem Buch ist öfter die Rede von Tagesbewusstsein und Unterbewusstsein. Offenbar befinden wir uns also nicht ständig im gleichen „Modus" – oder wissenschaftlich ausgedrückt im gleichen Bewusstseinszustand. Die moderne Hirnforschung kann uns dieses Phänomen erklären. Seit es ein Gerät namens Elektroenzephalogramm (EEG) gibt, können die elektrischen Aktivitäten unseres Gehirns mittels Sonden gemessen werden, die am Kopf angelegt werden. So war es den Neurowissenschaftlern möglich, festzustellen, dass die Nervenimpulse in unserem Oberstübchen unterschiedliche Geschwindigkeiten haben – je nachdem in welchem Zustand wir uns gerade befinden. Diese Geschwindigkeiten werden in Impulsen pro Sekunde, also in der Maßeinheit Hertz (Hz) gemessen. Der normale Mensch „taktet" in einer Frequenz zwischen ein und 24 Hz, und die Neuropsychologen haben innerhalb dieser Bandbreite eine Einteilung verschiedener Bewusstseinszustände vorgenommen. In diesen Zuständen treten Mischungen verschiedener Hirnstromwellen auf, die in verschiedene Hauptfrequenzen beziehungsweise Phasen unterteilt werden:

## 2.1 Ausflug hinter die Stirn

> 27 Hz   =   Gamma-Zustand   =   Hyper-Psychologischer Zustand

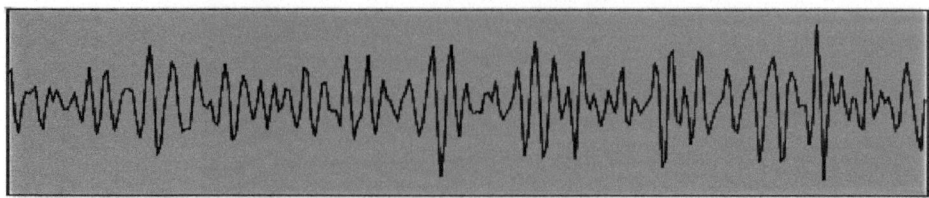

Gamma-Wellen treten bei Hyperaktivität, großer Angst und Spannungen und während körperlicher Höchstleistungen auf – und sie wurden auch bei meditierenden tibetischen Mönchen in tiefer Versenkung gemessen. Interessanterweise tauchen sie auch bei verschiedenen psychischen Erkrankungen auf, wie zum Beispiel bei Schizophrenie. Der Gamma-Bereich ist noch wenig erforscht.

13-27 Hz   =   Beta-Zustand   =   Tagesbewusstsein

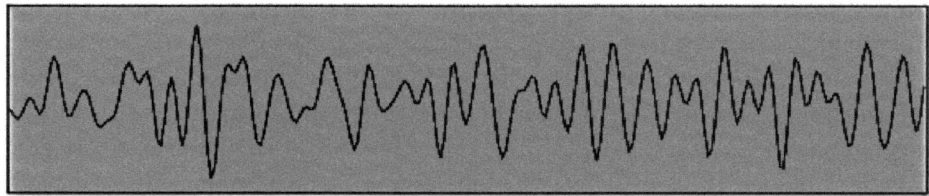

Der Beta-Zustand entspricht unserem normalen, wachen Tagesbewusstsein. In diesem Zustand sind wir uns der äußerlichen Welt bewusst, denken und handeln in ihr, haben eine Vorstellung von Zeit und Raum und machen sinnliche körperliche Erfahrungen. Während Sie dies lesen, befinden Sie sich im Beta-Zustand.

7-14 Hz   =   Alpha-Zustand   =   Halbbewusstsein

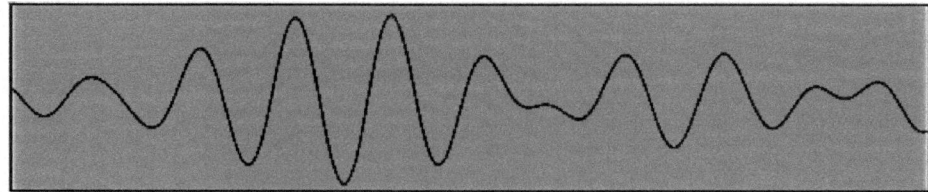

Der Alpha-Zustand ist halbbewusst – ein meditativer Zustand der tiefen Entspanntheit – jedoch noch nicht der vollen Meditation.

Alpha ist das Tor zum erweiterten Bewusstsein kurz unterhalb unserer bewussten Wahrnehmung. Wir betreten hier die spirituelle Welt – Zeit und Raum rücken in den Hintergrund und wir öffnen uns für die Bilder unseres Unterbewusstseins und für außersinnliche Wahrnehmungen. Linke und rechte Hirnhemisphäre arbeiten gleichberechtigt zusammen. Alpha entspricht der Schumann-Resonanzfrequenz von 7,8 Hz, der natürlichen Erdresonanzfrequenz, die auch als „biologisches Normal" bezeichnet wird.

**4-7** Hz    =    **Theta-Zustand**    =    **Rand des Bewusstseins**

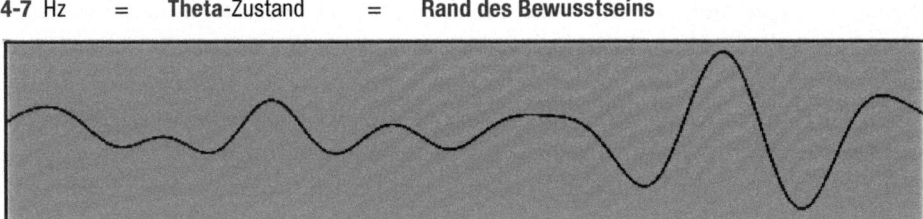

Theta-Wellen tauchen kurz vor dem Einschlafen und unmittelbar vor dem Aufwachen auf. Wir befinden uns sozusagen mit anderthalb Beinen in der Traumwelt, in einer Art erweitertem Bewusstsein. In diesem Frequenz-Bereich haben wir viele bewegte Bilder – manchmal tauchen auch Ideen, Problemlösungen oder Visionen auf, während wir uns am Rand des Bewusstseins befinden.

**1-4** Hz    =    **Delta-Zustand**    =    **Tiefschlaf/Koma**

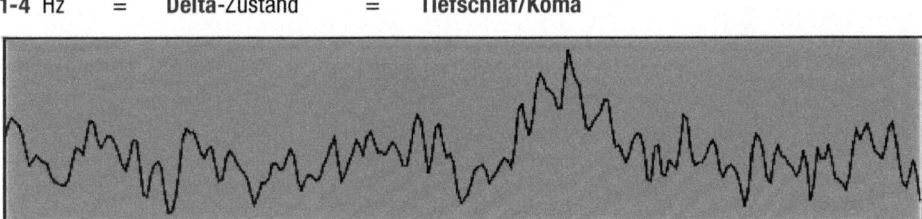

Im Delta-Zustand befinden wir uns im völlig unbewussten Tiefschlaf – oder im Koma. In Untersuchungen wurde festgestellt, dass unser Körper während dieser Phase Hormone produziert, die das Immunsystem stärken. Gutes Schlafen wirkt also tatsächlich heilend.

## 2.2 Harmonie im Headquarter – der Alpha-Zustand

Für uns ist die Hauptphase der Alpha-Frequenz von besonderem Interesse, denn in diesem Zustand lässt sich das Gehirn programmieren wie ein Computer. Außerdem verfügt unser Körper in Alpha über die größtmögliche Regenerations- und Selbstheilungsfähigkeit. Diese beiden Eigenschaften machen wir uns für die Ziele, die wir mit unseren Fantasiereisen und Imaginationen verfolgen, zunutze.

Vereinfacht ausgedrückt ist die linke Hemisphäre für unser logisches, rationales Denken zuständig, während die rechte der Sitz unserer Emotionen, unserer Kreativität und unserer Intuition ist. Im normalen Tagesbewusstsein (Beta-Zustand) ist unsere linke Gehirnhälfte sehr aktiv, während die rechte üblicherweise nicht viel zu melden hat. Wenn wir uns in einen Entspannungszustand (rechts) versetzen, in welchem verstärkt Alpha-Wellen auftreten, beruhigt sich unsere mentale Gehirnaktivität (links) und unser Unbewusstes tritt deutlicher hervor – es wird sozusagen verfügbarer. Wenn beide Hemisphären bei ± 10 Hz takten, wirken sie gleichberechtigt zusammen – ein Zustand, in dem allerlei möglich ist, wie Sie noch sehen werden.

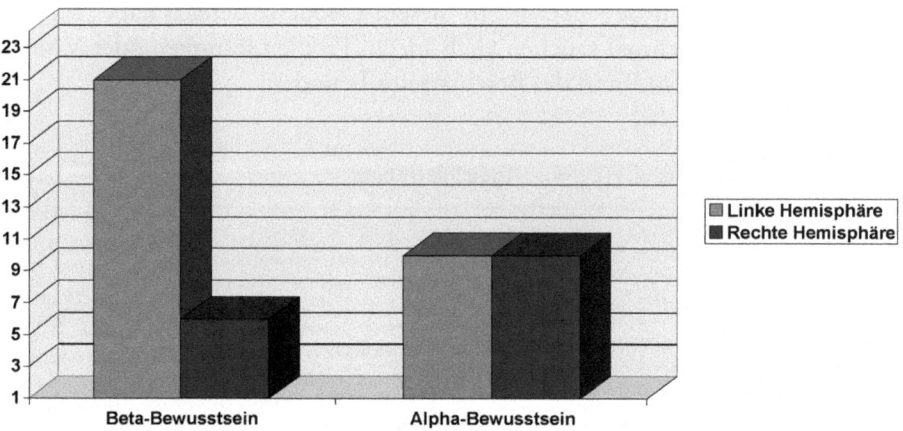

Übrigens benutzen nur zirka zehn Prozent der Menschen beide Gehirnhälften in ausgewogener Weise.

Wie die Grafik verdeutlicht, steht die rechte Gehirnhälfte deutlich im Schatten der linken, was bedauerlich ist, weil wir dadurch etliche Fähigkeiten viel zu wenig nutzen. Zum Beispiel die Intuition – eine etwas schwammige Bezeichnung für Denkvorgänge, die wir nicht verbal ausdrücken können. Apropos verbal: Der sprachliche Ausdruck ist die Domäne der linken Hälfte – sie denkt in Worten, während die rechte Seite in Bildersprache denkt. Das ist auch der Grund dafür, weshalb wir manche Gefühlsregungen so schlecht in Worte fassen, sie aber zum Beispiel treffend durch eine symbolische Geste zum Ausdruck bringen können. Das rechte Hirn kann eine Menge an Informationen gleichzeitig verarbeiten. Nehmen wir zum Beispiel die Situation, dass jemand ein Haus bauen möchte und einen Architekten fragt, was ihn das ungefähr kosten wird. Der Architekt überlegt kurz und nennt ihm (aus dem Bauch heraus) eine bestimmte Summe. Diese Auskunft ist quasi intuitiv entstanden – ein „Denkvorgang", den wir verbal nicht erklären können: ein Resultat unserer rechten Hirnhälfte. Nun setzt der Architekt sich hin, stellt Berechnungen an, holt Angebote für alle Gewerke und Materialien ein, addiert sie auf und kommt zu einem Ergebnis – eine Leistung der linken Hirnhälfte. Die Zahlen und Fakten entsprechen nicht selten der Schätzung.

Obwohl Mathematik durch und durch logisch ist, sind wahre Durchbrüche in dieser Disziplin oft intuitiv entstanden. Ein schönes Beispiel dafür ist Archimedes, der tagelang über ein Problem nachdachte und zu keiner Lösung kam. Erst als beim Baden das Badewasser über den Rand der Wanne schwappte, kam ihm die gesuchte Erkenntnis, aus der er seine Formel des Auftriebs entwickelte.

Der Physiker Albert Einstein (1879-1955) ist ein weiteres schönes Beispiel für die Vernetzung von linker und rechter Gehirnhälfte. Vielleicht war er deshalb so genial, weil er zu den Menschen gehörte, die ihr Gehirn ausgewogen nutzten. In seinen Büchern und Schriften sind zahlreiche Aussagen zu finden, die dafür sprechen. So schreibt er zum Beispiel in seinem Buch „Mein Weltbild"[4], dass es höchste Aufgabe der Physiker sei, die allgemeinsten elementaren Gesetze aufzusuchen, aus denen durch reine Deduktion das Weltbild zu gewinnen sei. Nach seiner Ansicht ist es kein „logischer Weg", der zu diesen elementaren Gesetzen führt, sondern nur „die auf Einfühlung in die Erfahrung sich stützende Intuition".

Unsere beiden Hemisphären sprechen offenbar in einer je anderen Sprache über gleiche Inhalte, organisieren und verwerten sie anders. Wenn die Natur nicht diese feine Trennlinie zwischen beiden gezogen hätte, gäbe es vermutlich ein ganz schönes Chaos im Oberstübchen.

Es ist gut vorstellbar, dass wir in dem Maße „weiser" werden, in dem wir unsere Worte, Gefühle und Taten in Übereinstimmung bringen. Je mehr wir uns die verborgenen, nichtverbalen Inhalte und Fähigkeiten der rechten Seite verfügbar machen, desto authentischer und selbstbestimmter ist unser Leben. Wir wären viel entspannter, wenn die linke und rechte Hemisphäre, die nach Definition des Psychoanalytikers Sigmund Freud dem Bewussten und dem Unbewussten entsprechen, in Einklang gebracht würden, statt in Konkurrenz zueinander zu stehen.

---

4    Albert Einstein: *Mein Weltbild*. Ullstein 2005

Konkret auf unser Thema bezogen bedeutet das Folgendes: Geführte Meditationen – egal ob Fantasiereisen oder Imaginationen – verbinden uns mit der rechten Gehirnhälfte und je öfter wir diese Hirnregion ansprechen, desto mehr wird es uns zur Gewohnheit, unser Denkorgan ausgewogen zu nutzen. Mittels Geführter Meditationen können wir auf verborgene Bewusstseinsinhalte zugreifen und zu mehr Klarheit über unsere Gedanken und Gefühle gelangen. Wir können zu Problemlösungen finden, die wir durch pures Nachdenken nicht gefunden hätten, und wir können unserer Kreativität Flügel verleihen.

In Alpha bestehen wenige Widerstände im Hirn, es ist sozusagen ein Energiesparmodus, der höchste Reorganisation und Regeneration ermöglicht. In diesem Zustand verfügt der Körper über die größte Fähigkeit zur Selbstheilung – was zum Beispiel für Selbstheilungsmeditationen von besonderer Bedeutung ist.

## 2.3 Entspannt auf die andere Seite

Das Wohlbefinden und die Wirkung von Geführten Meditationen sind umso größer, je entspannter eine Person ist. Wer sich nicht richtig entspannen kann, für den gleicht das Empfinden während der Anleitung dem, eine Geschichte aus einem Buch vorgelesen zu bekommen. Er hört zu und macht sich seine Gedanken zu dem Geschehen, jedoch ohne innerlich wirklich berührt zu sein. In der Fachsprache sagen wir, dass jemand im *Tagesbewusstsein* verhaftet bleibt, dass er keinen Zugang zu den Bildern seines Unterbewusstseins bekommt. Die Dominanz der Beta-Wellen im Wach-Modus behindert unseren Zugang zu den Inhalten und Fähigkeiten der rechten Gehirnhälfte. Um auf die „andere Seite" zu kommen, ist ein gewisses Maß an Entspanntheit nötig. Aus diesem Grund schalten wir jeder Geführten Meditation eine Entspannungssequenz, die sogenannte Induktion vor. Mit Induktion bezeichnen wir in unserem Kontext die einleitende Entspannungsphase vor dem Beginn der eigentlichen Übungs-Anleitung. Dieses Thema wird im Kapitel „Die fünf Phasen des Anleitens" detailliert besprochen. Ohne Entspannung gibt es keine Alpha-Wellen. Die Entspannung leiten wir durch eine mehr oder weniger lange und ausführliche Verbalsuggestion ein. Es gibt jedoch noch eine andere Möglichkeit, gezielt Alpha-Wellen im eigenen Gehirn zu erzeugen. Die Übung dazu entstammt der bereits erwähnten Silva-Mind-Methode.

### Übung

Das Übungsprogramm erstreckt sich über 40 Tage. – Üben Sie am besten morgens kurz nach dem Aufwachen und setzen Sie sich dafür etwas auf. Wollen Sie den Erfolg vertiefen, können Sie zusätzlich mittags und abends üben.

Gehen Sie folgendermaßen vor:
- Zehn Tage lang rückwärts von 100 bis 1 zählen.
- Zehn Tage lang rückwärts von 50 bis 1 zählen.
- Zehn Tage lang rückwärts von 25 bis 1 zählen.
- Zehn Tage lang rückwärts von 10 bis 1 zählen.

Halten Sie nach jeder Zahl eine Sekunde inne und werden Sie sich der Zahl bewusst – das Zählen automatisch herunterzuleiern verhindert jedoch den Erfolg.

Die folgende Suggestionsformel wird Ihnen helfen, Ihren Übungserfolg noch weiter zu vertiefen: Sagen Sie sich jedes Mal am Ende Ihrer Übung, während Sie sich noch in der tiefen Entspannung befinden: „Jedes Mal, wenn ich mich entspanne, komme ich schneller in die Tiefe – schneller, tiefer!"

Wenn Sie das Programm regelmäßig durchführen, sind Sie nach 40 Tagen in der Lage, sich jederzeit durch das Rückwärtszählen von 5 bis 1 in Alpha zu versetzen, und können in diesem Zustand wirkungsvoll visualisieren und imaginieren.

Der Alpha-Zustand hat eine Menge positiver Eigenschaften – zum Beispiel die Kurz-Entspannung: Versetzen Sie sich, wenn Sie tagsüber müde sind, für zehn Minuten in Alpha und Sie werden hinterher erfrischt ins Tagesbewusstsein zurückkehren, als hätten Sie zwei Stunden geschlafen – jedoch mit dem Vorteil, dass Sie nicht mit Kreislaufproblemen zu kämpfen haben.

## 2.4 Verständnisüberprüfung

1. Was kann mit einem EEG gemessen werden?

   _____

   _____

2. Nennen Sie die fünf bekannten Bewusstseinszustände und geben Sie den jeweiligen Frequenzbereich an.

   _____

   _____

   _____

   _____

   _____

3. Führen Sie vier Eigenschaften auf, die den Alpha-Zustand als besonderen Bewusstseinszustand auszeichnen.

   _____

   _____

   _____

   _____

4. Was verstehen wir unter einer Induktion?

   _____

   _____

   _____

5.  Warum ist es wichtig, Geführte Meditationen mit einer Entspannungssequenz einzu-
    leiten?

_____

_____

_____

_____

_____

# 3. Fantasiereisen

In diesem Kapitel beschäftigen wir uns mit den Formulierungen und Inhalten für Fantasiereisen. Dieses Wissen versetzt Sie in die Lage, übernommene Vorlagen fachgerecht zu überarbeiten und selbst eigene Anleitungen zu formulieren.

Wenn wir von Fantasiereisen sprechen, geht es meist darum, sich über das Erleben schöner innerer Bilder vom Alltag zu distanzieren und Entspannung und Regeneration zur Bewältigung des Alltags zu erfahren. In der Fachwelt spricht man von *ressourcen-orientiertem* Vorgehen.

Die Bilder und Symbole werden mehr oder weniger vorgegeben. Andererseits können wir durchaus auch Fantasiereisen erleben, für die es überhaupt keine bewussten Vorgaben gibt, wie zum Beispiel bei Tagträumen.

Etwas weiter gefasst kann man sogar die nächtlichen Träume als Fantasiereisen bezeichnen – wenn auch solche ganz besonderer Art. Im Grunde ist jede Geschichte oder Erzählung eine Fantasiereise, denn unser Geist schmückt das, was wir hören oder lesen, mit seinen eigenen Bildern aus. Und er tut das nicht nur in Form einer zwei- bis dreidimensionalen Abbildung, sondern mit allen Sinnen.

Ein Beispiel aus meinem persönlichen Erleben mag dies illustrieren: Ich ging vor einiger Zeit spazieren, freute mich an der Natur um mich herum und atmete unversehens den Hauch von Jasminduft ein. Sofort fühlte ich mich Jahre zurückversetzt in einen Urlaub in der Türkei. Die warme Sommernacht entsteht plötzlich wieder vor meinem inneren Auge:

> Ich schlendere mit meinem Liebsten über den Basar, dessen Ränder von Jasminsträuchern umsäumt sind. Der atemberaubende Duft lässt mein Herz weit werden. Ich bin gelöst und freue mich an dem bunten Treiben ringsum. Ich höre die Stimmen, sehe den alten Mann, der mich mit aromatischem Rosenwasser besprüht und spüre dessen angenehme kühle Feuchte auf meiner Haut. Der alte Mann streicht mir über meine langen blonden Haare. Dann bietet er mir ein Stück Konfekt an. Ich koste es. Es ist klebrig und sehr süß. Während wir weiterschlendern, beobachte ich das ganze bunte Treiben der Händler, höre, wie sie temperamentvoll um die besten Preise feilschen, lasse farbenprächtige seidige Stoffe durch meine Finger gleiten und rieche auch die wunderbaren exotischen

Gewürze. Und ich spüre die Liebe zu meinem Liebsten (der schon lange den Weg nicht mehr mit mir gemeinsam geht).

Ich machte eine unfreiwillige, aber schöne Fantasiereise in die Vergangenheit ... ohne dass ich dies in irgendeiner Weise forciert hätte.

Während solche Tagträume aber eher unabsichtlich geschehen, sind geführte Fantasiereisen eine gezielte Einladung in die Welt der eigenen inneren Bilder. Fantasiereisen sind Reisen nach innen, in das Land unserer inneren Bilder. In einem tief entspannten Zustand fühlt sich der Körper unbeschwert und angenehm an; der Angeleitete erlebt sich sicher, geborgen und beschützt. So können sich Gelöstheit, Wohligkeit, Zuversicht und Ruhe ausbreiten und Ängste, Sorgen und Probleme von einem abfallen.

Die meisten Menschen verstehen unter „Geführter Meditation" eine Fantasiereise. Eine Fantasiereise ist eine angeleitete (meistens) spannungslose Geschichte, häufig mit Bildbeschreibungen aus der Natur. Diese Geschichten dienen der Entspannung und schaffen die Möglichkeit, sich einmal wohltuend vom Alltagsgeschehen zu distanzieren, zu entspannen und neue Kraft aus schönen Bildern zu schöpfen.

Sie müssen das Rad nicht zum zweiten Mal erfinden. Übernehmen Sie Fantasiereisen aus der Literatur oder aus dem Internet. Oder werden Sie selbst kreativ: Schreiben Sie Ihre eigenen geführten Meditationen[5]. Sie werden merken, wie viel Freude das macht, wenn Sie nach diesem Buch gelernt haben, worauf Sie achten müssen. Korrigieren Sie die Schwachstellen vorher. Dann müssen Ihre Teilnehmer sie nicht ausbaden.

---

5    In Kapitel 9 finden Sie einige Musteranleitungen und -formulierungen.

## 3.1 Gläserne Schmetterlinge und anderes:
## Formulierungen und Inhalte

Wenn Sie schon einmal eine Geführte Meditation erlebt haben, dann werden Sie eine der folgenden Erfahrungen gemacht haben: Entweder konnten Sie sich kaum bis gar nicht auf die Übung einlassen und befanden sich die ganze Zeit über mehr oder weniger im Wachzustand oder Sie waren relativ präsent und sind nur an einigen Stellen tief weggesunken. Möglicherweise haben Sie sich auch die ganze Zeit über in einem tiefen, versunkenen Entspannungszustand befunden.

In der Tat kann man beobachten, dass Menschen während einer angeleiteten Meditation in unterschiedlich tiefe Entspannungszustände versinken. Die Entspannungstiefe ist von verschiedenen Faktoren abhängig, und ein wesentlicher Faktor, mit dem wir uns als Erstes beschäftigen werden, sind die Formulierungen – denn sie können inneres Erleben fördern oder hemmen. Je nachdem *wie* eine Fantasiereise verfasst ist, können sich Menschen mehr oder weniger intensiv darauf einlassen. Ausdrucksweisen, die Inkongruenzen, Brüche oder heikle Elemente beinhalten, können zu Verwirrungen, Verunsicherungen, Verängstigungen oder Verärgerungen bei den Teilnehmerinnen führen. Wenn Sie die folgenden Ausführungen berücksichtigen, werden Sie solche Reaktionen gering halten. Es gehören viel Einfühlungsvermögen und Erfahrung dazu, eine richtig gelungene Geführte Meditation zu erarbeiten. Natürlich kann man es nicht allen Menschen recht machen und auf jede spezifische Vorliebe oder Abneigung eingehen. Dennoch habe ich im Laufe meiner langjährigen Arbeit verschiedene Faktoren ausgemacht, die ein Einlassen generell entweder hemmen oder fördern. Diese Faktoren werden wir uns nun im Einzelnen anschauen.

### Mit Menge und Art von Vorgaben umgehen lernen

Eine Fantasiereise ist keine Gebetsfahne. Manche Anleitungen sind jedoch mindestens genauso lang. Jedes kleinste Detail wird dem Bewusstsein der Teilnehmerinnen wortreich vorgegeben. Farben, Formen oder Orte werden präzise beschrieben und bestimmt – schließlich möchte der Seminarleiter eine „gute" Arbeit machen. Leider wird damit häufig das Gegenteil erreicht. Bestenfalls schalten die Angeleiteten unter der Flut der Wortmassen ab, lassen ihren eigenen inneren Film ablaufen – oder schlafen einfach ein. Diejenigen, die sich darum bemühen, die Präsenz im Bewusstsein aufrechtzuerhalten, haben ständig damit zu kämpfen, dass ihnen die Dinge in ihrer Fantasie anders erscheinen als vorgegeben. Statt der „blauen" Muschel sehen sie zum Beispiel eine in natürlichen Farben, was bei den Teilnehmern zu der Befürchtung führen kann, etwas „falsch" zu machen. Die Verwirrung und das zähe Ringen mit den inneren Bildern verhindern, sich der Meditation hingeben und sie genießen zu können. Wortgewaltige detaillierte Anleitungen regen aktives Zuhören und kognitive Prozesse an und verhindern damit tiefere Entspannungszustände.

Immer wieder einmal erzählen mir Teilnehmer von Seminarleitern, die angenervt darauf reagiert haben, wenn sie nach solch einer Übung anmerkten, vor ihrem inneren Auge andere Dinge als die vorgegebenen gesehen und erlebt zu haben. Diagnostisches Zitat eines Seminarleiters: „Du musst offenbar immer die Kontrolle behalten. Du kannst dich nicht fallen lassen, weil du kein Vertrauen hast, und kannst dir von anderen nichts sagen lassen." (Er verband das mit der Empfehlung, ‚da mal näher hinzuschauen'.) So weit sollte es nicht kommen. Normalerweise sollte es bei angeleiteten Meditationen darum gehen, das innere Bilderleben anzuregen. Alle unsere psychischen Themen sind in Form von Bildern in unserem Unterbewusstsein gespeichert. Die Psychoanalyse[6] und das Katathyme Bilderleben[7] ziehen mithilfe dieser inneren Bilder Schlüsse auf die verborgenen Ursachen der Probleme ihrer Klienten. Ich erwähne das nur, um die Relevanz dessen, was wir hier tun, etwas deutlicher werden zu lassen. Menschen verarbeiten mithilfe von Fantasiereisen offenbar innere Probleme, Sorgen und Ängste. Wenn wir sie also in die Welt der inneren Bilder führen, dann sollten wir das so geschickt machen, dass wir ihnen „Räume öffnen", ohne sie zu füllen. Eine gute Fantasiereise zeichnet sich dadurch aus, dass sie spartanisch im Umgang mit Worten ist und dennoch – oder gerade deshalb – ein tiefes seelisches Erleben ermöglicht. Eine dabei unter Umständen auftretende gewisse „Unschärfe" ist durchaus erwünscht.

Sie sollten in diesem Zusammenhang jedoch berücksichtigen, dass Ungeübte etwas mehr Vorgaben brauchen. Wer noch nie eine Meditation erlebt hat, muss dazu ein wenig „ans Händchen" genommen werden. Wie so oft im Leben geht es um das richtige Maß. Wenn Sie eine Geschichte schreiben, dann behalten Sie das im Hinterkopf.

### Verwenden von Adjektiven

Adjektive sollten ebenfalls zurückhaltend und zielgerichtet eingesetzt werden. Wer sich unseren Händen übergibt, um unter unserer Führung eine Reise in sein Innerstes anzutreten, hat zuvor seinen Verstand nicht an der Garderobe abgegeben. Unabhängig von der Tiefe des Entspannungszustandes würde zum Beispiel jede Teilnehmerin wahrnehmen, wenn der Kursleiter plötzlich laut rülpst. In einem sehr tiefen Entspannungszustand würde die Wahrnehmung dieser „Ungeheuerlichkeit"

---

6    Psychoanalyse = eine spezielle Richtung der Psychologie, die von Sigmund Freud (1856-1939) begründet wurde.

7    Katathymes Bilderleben = ein von Hanscarl Leuner (1918-1996) systematisiertes tiefenpsychologisches Verfahren, das mit innerem Bilderleben arbeitet. Die Methode heißt inzwischen Katathym Imaginative Psychotherapie (KIP) und wird verschiedentlich auch „Tagtraumtechnik" genannt.

weder eine gedankliche noch eine emotionale Regung auslösen. In solch einem Zustand befinden sich während einer normalen Anleitung jedoch die wenigsten. Die meisten würden das bemerken und sich sehr wundern. Es ist wahrscheinlich, dass diese Wahrnehmung eine Reihe von Gedanken auslösen würde. Und dasselbe geschieht, wenn in der Anleitung eine Formulierung vorkommt, die unserem gesunden Menschenverstand widerspricht.

## Beispiel[8]:

„Du liegst im *warmen* Sand" ist eine hilfreiche Formulierung, denn jeder von uns hat mit seinen Füßen schon einmal in warmem Sand herumgewühlt. Unser Gehirn kann also mühelos an eine vorhandene angenehme Erfahrung anknüpfen, was uns dabei hilft, tief in das entsprechende innere Bild und die damit verbundenen Emotionen einzutauchen.

„Du findest eine *blaue* Muschel" ist dagegen eher kontraproduktiv, denn in der Natur sind Muscheln nicht blau. Unser Gehirn verbindet diese Farbe nicht mit Muscheln. Das Gesagte wird also mehr oder weniger bewusst als Störfaktor wahrgenommen. Als Folge davon setzen Gedankengänge ein, denn das Hirn möchte das Gehörte irgendwo einordnen. Der Fokus der Teilnehmerin wird vom emotionalen Erleben auf mentale Prozesse gerichtet. Das aktive Denken führt vom sinnlichen Empfinden weg und hin zum nüchternen Überlegen und Nachdenken, was den Prozess des Sich-Fallenlassens deutlich behindert. Nicht schlimm, aber unnötig – und vor allem schade. Im Fall dieses Beispiels hätte man besser auf die „blaue Muschel" verzichten und die Teilnehmer stattdessen einfach „etwas Schönes" finden lassen sollen.

### Zwiespältige Sachverhalte vermeiden

„Frauen sitzen am Feuer – bereiten ein Mahl – duftende Kräuter, würziges Fleisch, frischer Duft von Brot." Dieser Satz aus dem Anleitungsbuch der bekannten Meditationslehrerin ist ein schönes Beispiel für zwiespältige Sachverhalte, auf die Sie Acht geben sollten. Es gibt immer mehr Menschen, die sich für eine vegetarische Lebensweise entscheiden. Unter ihnen sind zunehmend auch Kinder. An solch einer Stelle könnten Tierliebhaber unter Umständen empört innerlich aus der Fantasiereise „aussteigen".

---

8    Dieses und die folgenden Formulierungsbeispiele sind den Büchern *Du spürst unter deinen Füßen das Gras* und *Auf der Silberlichtstraße des Mondes* von Else Müller, Fischer TB, entnommen.

## Unüblichen Sprachgebrauch vermeiden

„Du stehst in Mutters Stube." „Die Föhren rauschen im tiefen Wald." Dies sind Beispiele für Begriffe, die im modernen Sprachgebrauch nicht mehr üblich sind. Manche Kinder haben sie noch nie gehört und wissen nichts damit anzufangen. Veraltete, mundartliche oder regional übliche Begriffe oder Redewendungen können in Überlegungen münden und damit den Effekt der Übung beeinträchtigen.

## Themen vermeiden, die Regressionen[9] hervorrufen könnten

Ob Ihnen der Gedanke an Reinkarnation (Wiedergeburt) gefällt oder nicht: Es passiert relativ häufig, dass Personen nicht dort „landen", wo der Anleitende sie hinführen möchte, sondern „etwas weiter hinten". Immer wieder einmal geschieht es, dass ein Mensch sich in einem Szenario wiederfindet, das er als vergangenes Leben bezeichnet. Wir wollen die Reinkarnationstheorie an dieser Stelle nicht diskutieren. Dennoch kommen wir an der Tatsache nicht vorbei, dass es so viele Menschen gibt, denen das widerfährt, dass ich das Thema im Zusammenhang mit Geführten Meditationen nicht ignorieren kann. Nicht jeder, der sich an eine frühere Existenz zu erinnern glaubt, war eine Königin oder ein König und hatte ein angenehmes, selbstbestimmtes Leben. Für die meisten Personen, die sich zum Beispiel im Mittelalter wiederfanden, war dies durchaus keine sonderlich erfreuliche Zeit.

Mir sind etliche Schilderungen von Rückführungen bekannt. In der Regel wurden sie jedoch willentlich vorgenommen. Die Rückgeführten wussten ungefähr, worauf sie sich einließen, denn sie hatten vorher Zeit, sich eingehend über das Thema zu informieren. Geschieht jemandem aber unvorhergesehen solch eine Regression, kann das eine extreme Verwirrung und große Angstzustände hervorrufen, weil das Geschehen in keiner Weise eingeordnet werden kann. Besonders dramatisch kann sich die Sache entwickeln, wenn es sich dabei um eine leidvolle Existenz gehandelt hat. Sicherlich sind Sie nicht besonders scharf darauf, solch eine Situation zu erleben – und Ihre Klienten bestimmt auch nicht. Man kann sogenannte Spontanregressionen nicht immer vermeiden, manchmal passiert so etwas einfach. Was man jedoch vermeiden kann, sind Formulierungen, die geradezu prädestiniert dafür sind, Rückführungen einzuleiten, wie zum Beispiel ein Szenario auf einer mittelalterlichen Burg, ausgeschmückt mit allen dazugehörigen Details.

Bevor ich Ihnen das Interessante am folgenden Beispiel erkläre, möchte ich Sie bitten, diesen Auszug aus einer Geführten Meditation zu lesen und darauf zu achten, welche tiefen, inneren Assoziationen dabei in Ihnen aufsteigen.

---

9   Regression = Rückgang, Rückschritt, Rückführung.

*„(...) du musst da durch –*
*du spürst deinen Atem –*
*du atmest ruhig ein und aus – ein und aus –*

*du musst weiter –*
*das Grün wird immer dichter –*
*du bist wie umschlungen –*
*es streift deinen Arm, dein Gesicht –*
*an deinen Beinen spürst du Laub –*
*es ist eng –*
*du siehst nicht, wo es endet – du weiß nicht, wo es endet –*
*aber es muss enden – du weißt es –*
*du musst da durch –*
*du windest dich durch –*
*wie fühlst du dich?*

*das Dunkel wird lichter –*
*das Dunkel schwindet –*
*Helle nun –*
*Licht und Luft umgeben dich (...)*
*du bist frei – du fühlst dich frei –*
*Weite liegt vor dir –*
*Helle und Leben –*
*du hast es geschafft –*
*du fühlst dich frei – ganz frei –"*[10]

Falls Sie während des Lesens an den etwas poetisch dargestellten Vorgang einer Geburt dachten, liegen Sie falsch. Bei dieser Geschichte geht es um die Beschreibung eines Spaziergangs durch einen Urwald. Die Intention war sicherlich, innere Stärke aufzubauen. Wir kämpfen uns durch Schwierigkeiten und Dunkelheit hindurch, haben am Ende alle Hindernisse überwunden und sind befreit. Nette Idee.

Da jedoch die Assoziation zu einem Geburtsvorgang so nahe liegt, könnte es leicht passieren, dass eine Person ungewollt in den Vorgang der eigenen Geburt zurückversetzt wird. Auch das bezeichnet man in der Fachsprache als Regression – es gibt sogar eine Therapiemethode, die darauf basiert. Beim sogenannten *Rebirthing* werden psychische Probleme dadurch gelöst, dass Personen ihren eigenen Geburtsvorgang noch einmal erleben. Häufig ist dieses Erleben sehr dramatisch. Bei einer Rebirthing-Sitzung wird der Betroffene mittels Tiefenatmung in Trance versetzt. Manchmal tritt er dann spontan in die gewünschte Situation ein, manchmal wird er verbal

---

10   Else Müller: *Du spürst unter deinen Füßen das Gras.* S. Fischer Verlag, Seite 175.

dazu angeleitet. Es kann jedoch auch passieren, dass jemand in diesen Zustand ge-
langt, obwohl das nicht beabsichtigt war. Anleitungen, wie die gerade beschriebene,
bieten die idealen Voraussetzungen dafür und sollten deshalb vermieden werden.

### Brüche im sinnlichen Empfinden vermeiden

„Du befindest dich auf einem orientalischen Markt. Um dich herum herrscht be-
triebsame Hektik. Viele Menschen hasten umher, diskutieren, feilschen. Du hörst
das Hämmern der Schmiede, das Klappern von Webstühlen, das Weinen von Kindern, das Schreien von Frauen. Du bahnst dir deinen Weg durch den Basar. Ruhe ist
dort – du bist ruhig, gelöst, entspannt – du fühlst dich wohl und ruhig – dein Atem
geht ruhig und gleichmäßig – du bist ganz ruhig und entspannt."

Fühlen Sie sich in das hektische Gewusel und den ohrenbetäubenden Lärm eines
Basars hineinversetzt. Sobald Sie sich innerlich mitten im Getümmel befinden, wird
Ihnen plötzlich Ruhe und Entspannung suggeriert – Attribute, die für die Angeleiteten in dieser Situation einen „Bruch" darstellen können. Vermeiden Sie so etwas
nach Möglichkeit. Bleiben Sie in Ihrer Geschichte innerhalb der von Ihnen suggerierten Stimmung. Falls unbedingt erforderlich, verändern Sie diese behutsam über
eine längere Zeitspanne hinweg.

### Unlogik vermeiden

In einer Geführten Meditation, deren Inhalte sich mit unserem normalen, täglichen
Leben beschäftigten, las ich von einem „Schmetterling aus Glas ..." Sofort stutzt
das Hirn: Seit wann sind Schmetterlinge aus Glas? Unlogische Formulierungen, die
wieder ins mentale Überlegen ziehen, sind eher kontraproduktiv. Setzen Sie solche
Formulierungen nur dann ein, wenn Sie eine ganz und gar fantastische Geschichte
schreiben.

### Auf Fach- und Fremdwörter verzichten

„Der Schwan bewegt sich *gravitätisch* ..."[11] Gesetzt den Fall, Sie wissen, was das
Fremdwort ‚gravitätisch' bedeutet – sind Sie sicher, dass Ihre Teilnehmer das ebenfalls wissen? Vorsichtshalber sollten Sie deshalb auf Wörter verzichten, die nicht mit
ziemlicher Sicherheit jedermann bekannt sind. Und abgesehen davon, dass Fach-
oder Fremdwörter sich als problematisch erweisen können: Ein schöner Stil ist es
nicht, sie im Rahmen einer Geführten Meditation zu verwenden.

---

11   Else Müller: *Du spürst unter deinen Füßen das Gras.* S. Fischer, Seite 165.

### Dingen keine fremden Eigenschaften zuordnen

„Vögel schwingen sich durch die Äste."[12] Haben Sie schon einmal einen Vogel gesehen, der sich durch die Äste *schwingt*? Nach meinem Verständnis sind es eher Affen, die sich durch die Äste schwingen – und die meisten der von mir befragten Kursteilnehmer teilen diese Einschätzung. Vögel *fliegen* oder *flattern* im Allgemeinen. Diese artfremde Eigenschaft einer Sache bringt die Hirnwindungen wieder einmal mehr in Wallung.

### Wechsel von Realitätsebenen vermeiden

Sie wären vermutlich etwas verwundert, wenn Sie im Wald spazieren gingen und plötzlich eine Stimme aus einem Baum ertönte. Im Traum jedoch würden Sie solch ein Ereignis vermutlich nicht verwunderlich finden. Das zeigt, dass wir bestimmten Bezugsrahmen bestimmte Realitätsebenen zuordnen. Das ist in einer angeleiteten Fantasiereise nicht anders als im Tagesbewusstsein. Mit solchen „Fantasie-Einlagen" sollten Sie deshalb vorsichtig umgehen. Wenn Ihre Meditation den Titel hat: „Die Reise mit dem fliegenden Teppich", dann dürfen auch Stimmen aus Bäumen ertönen. Wenn Ihre Teilnehmer sich durch ein schönes, intensives Naturerleben einfach nur tiefenentspannen sollen, verzichten Sie besser darauf.

### Brüche bei suggerierten Körperempfindungen vermeiden

Im Rahmen einer Phantasiereise wurde ich einmal angeleitet: „Du bist schwer – warm – ruhig – entspannt." Einen Satz später hieß es: „... du schwebst von Stern zu Stern." Wenn einem Körper Entspannung, Ruhe und Schwere suggeriert wurde, dann befindet er sich meist auch in diesem Zustand. Es ist dann sehr schwer, sich vorzustellen, dass man schwebt. Achten Sie also darauf, dass Sie den körperlichen Zustand, den Sie einmal suggeriert haben, möglichst beibehalten. Wenn Sie ihn ändern möchten, sollten Sie entsprechende Anleitungen formulieren, die es den Teilnehmerinnen ermöglichen, den Modus harmonisch zu wechseln.

### Keine Formulierungen verwenden, von denen man annehmen darf, dass sie negative Gefühle auslösen könnten

Stellen Sie sich vor, dass Sie auf einer grünen Wiese liegen und die Anweisung erhalten: „... du drehst vielleicht dein Gesicht zur Erde." Sie wären empört über solch eine Anweisung, könnte das doch Erstickungsgefühle zur Folge haben!? Dann wären Sie zu Recht wütend. Vermeiden Sie in Ihren Anleitungen Sätze, die die Leidensfähigkeit Ihrer Zuhörer auf den Prüfstand stellen.

---

12   Else Müller: *Du spürst unter deinen Füßen das Gras.* S. Fischer, Seite 171.

### Psychisch belegte Formulierungen nicht anderen (unpassenden) Sachverhalten zuordnen

Woran denken Sie, wenn Sie hören, dass etwas in Sie „eindringt"? Das habe ich mir gedacht, aber Sie liegen falsch. Hier soll lediglich die „Kraft der Erde" in Sie eindringen. – Formulierungen mit Begriffen, die üblicherweise mit anderen Dingen in Zusammenhang gebracht werden, sollten möglichst vermieden werden. Die Kraft der Erde kann in uns *einströmen* oder wir *nehmen sie in uns auf* – aber sie in uns *eindringen* zu lassen, ist keine sehr glückliche Formulierung.

### Wenn Sie etwas von sich geben ...

In der Kommunikationspsychologie heißt es, dass jemand, der etwas von sich gibt, immer etwas von sich gibt. Wenn Sie eine eigene Fantasiereise schreiben, sollten Sie sich dessen bewusst sein. Es handelt sich dabei um einen kreativen Prozess, in den einfließt, was in Ihnen lebendig – oder unterdrückt – ist. In jedem schöpferischen Akt bringt ein Mensch sein Innerstes zum Ausdruck, das ist nicht nur bei Bildhauern oder Malern der Fall.

## 3.2 Das Salz in der Suppe: Einsatz kreativer Elemente

Wenn Sie beginnen, eigene Geführte Meditationen zu entwickeln, werden Sie schnell einen sprudelnden Ideen-Quell in sich entdecken. Es wird nicht lange dauern, bis Sie auf die Idee kommen, bestimmte kreative Elemente in Ihre Texte einzubauen. Das kann einer Fantasiereise einen besonderen Reiz verleihen und ihre Qualität erhöhen.

### Formeln des Autogenen Trainings

Ich befürworte es, die Ruhe-, Schwere- und Wärmeformeln des Autogenen Trainings in Geführte Meditationen zu integrieren, weil sie den Entspannungszustand vertiefen und die körperliche Regeneration fördern. Die Formulierungen sollten dynamisch und fließend in den Gesamttext eingearbeitet und nicht statisch heruntergebetet werden.

### Suggestionen

Eine Suggestion ist eine manipulative Beeinflussung des Denkens, Fühlens und Handelns. Grundsätzlich können Sie entsprechende Formulierungen in Geführte Meditationen einbauen, denn das Unterbewusstsein ist im Entspannungszustand offen wie ein Scheunentor für Beeinflussungen jeder Art. Wir betreten mit diesem Thema ein neues Feld, das wir an dieser Stelle nicht umfangreich bearbeiten können, weil es nicht Thema dieses Buches ist. Einige Gedanken zum Umgang mit Suggestionen möchte ich Ihnen hier dennoch mit auf den Weg geben.

Ich persönlich bin kein großer Freund von Suggestionen in Geführten Meditationen – es sei denn, die Person, die so etwas anleitet, hat beispielsweise ein Studium in Transpersonaler Psychologie absolviert. Das ist ein Zweig der Psychologie, der sich mit dem beschäftigt, was vor unserer Geburt – und sogar vor unserer Zeugung passiert ist, die also die Thematik der Reinkarnation mit berücksichtigt. Die transpersonalen Psychologen denken viel komplexer, als sich nur auf die biografischen Themen einer Person zu fokussieren. Ich sage das deshalb, weil mir spätestens seit meiner Ausbildung in klinischer Hypnose klar geworden ist, wie viel man in diesem Bereich falsch machen kann. Es ist unglaublich schwierig, eine passende Suggestion zu finden, die ins Psychogramm einer Person passt ... geschweige denn gleich für eine ganze Gruppe.

Ich will an einem Beispiel darstellen, was ich damit meine. Als ich Anfang der Neunzigerjahre Mitglied in einer Heilpraktiker-Lerngruppe war, hatten wir dort eine Kollegin, die immer wieder vergaß, was sie gelernt hatte. Um diesen Missstand zu beheben, formulierte sie für sich die suggestive Affirmation[13]: „Ich werde alles behalten, was ich lerne." Kurz vor der Prüfung war sie sehr zuversichtlich. Das Lernen hatte gut geklappt. Dennoch fiel sie durch. Was war passiert? Sie hatte in der Prüfungssituation kein Wort herausbekommen – im wahrsten Sinne des Wortes „behielt sie alles für sich". Es hatte funktioniert. Erst später wurden uns die Zusammenhänge klar. Dieser Vorfall lehrte mich Respekt vor dem Umgang mit Einflussnahmen auf das Unterbewusstsein.

Im Laufe der späteren Jahre beobachtete ich bei etlichen Menschen, die sich Affirmationen suggerierten, was daraufhin in ihrem Leben geschah. Die Ergebnisse stimmten mich nicht optimistischer und deshalb beschloss ich, diese Technik nur noch sparsam einzusetzen. Die menschliche Psyche ist überaus komplex und wie bei einem Eisberg ist das meiste das uns antreibt unter der Oberfläche verborgen – im Unterbewusstsein. Was wir vordergründig als unsere Motivation für eine bestimmte Suggestion ansehen, muss es untergründig lange nicht sein. Und so kann es passieren, dass bestimmte Formulierungen sogar kontraproduktiv wirken.

Wenn Sie trotzdem gerne mit Suggestionen arbeiten möchten, finden Sie in dem Buch *Stell dir vor* von Shakti Gawain einige Formulierungen, die so allgemein gehalten sind, dass man sie (vermutlich) risikolos verwenden kann. Selbst bei trivialen Formulierungen habe ich manchmal Bedenken, wenn sich zum Beispiel eine Person, die objektiv betrachtet weder mit Schönheit noch mit Intelligenz gesegnet ist, suggeriert: „Ich bin schön und klug." Es ist sehr wahrscheinlich, dass diese Aussage ihrem tiefen innerlichen Glauben zuwiderläuft. Vielleicht schadet das nicht – aber nutzen wird es vermutlich auch nichts. Das erwähnte Büchlein ist in jedem Fall lesenswert, denn es stehen sehr interessante Dinge über die Arbeit mit dem Unterbewusstsein darin und die Autorin ist selbst Psychologin mit viel Erfahrung auf diesem Sektor.

Ein positives Beispiel für den Einsatz von Suggestionen ist die Formulierung „Nach dem Üben bin ich wach und munter, frisch und klar", die im Autogenen Training gelegentlich verwendet wird. Auch „Jede Übung tut mir gut. Ich freue mich schon auf die nächste Übung", zeigt gute Resultate. Und dann gibt es da noch die bekannte Formulierung des Begründers der Autosuggestion, Émile Coué (1857-1926): „Es geht mir mit jedem Tag in jeder Hinsicht immer besser und besser."

---

13   Affirmation = eine positiv gehaltene, selbstverstärkende, der Selbstkonditionierung dienende Aussage, die wiederholt wird.

## NLP-Techniken

Das Neurolinguistische Programmieren (NLP) ist eine Kommunikationsmethode, die mit den Zusammenhängen zwischen äußeren Wahrnehmungen und inneren Prozessen arbeitet. Auch hier werden Suggestionen, Affirmationen und Visualisierungen eingesetzt – deshalb gilt das, was ich bereits im Vorstehenden zu diesem Thema gesagt habe. Grundsätzlich spricht nichts dagegen, entsprechende Formulierungen in Geführte Meditationen einzubauen – allerdings würde ich das nur dann begrüßen, wenn die anleitende Person eine fundierte Ausbildung in Neurolinguistischem Programmieren absolviert hat.

## 3.3 Bananen-Übungen vermeiden: der „Feld-Test"

Kennen Sie Bananen-Übungen? Das sind Übungen, die bei den Teilnehmern reifen. Das bedeutet: Jemand verfasst eine angeleitete Meditation und völlig selbstverliebt in das eigene Machwerk erprobt er es sogleich im nächstbesten Entspannungskurs. Was nicht so gelungen war, wird ihm dann ja direkt reflektiert.

Wenn Sie so etwas machen und die Teilnehmer hauen Ihnen das unausgegorene Konzept um die Ohren, sind Sie noch mit einem blauen Auge davongekommen. Die meisten Menschen sind jedoch sozial so konditioniert, dass sie es vermeiden werden, Ihnen ein offenes Feedback zu geben – sie werden einfach stillschweigend nicht wiederkommen und die Schmäh hinter Ihrem Rücken verbreiten.

Die Angst vor übler Nachrede sollte jedoch nicht Ihre Haupt-Triebfeder sein, Ihre Fantasiereisen strengen Prüfungen zu unterziehen, bevor Sie andere möglicherweise auf dem Altar Ihrer innovativen Kräfte opfern.

Durchlaufen Sie dazu jede Ihrer entwickelten Geführten Meditationen zunächst vollständig im eigenen Geiste – und zwar mit einigen Tagen Abstand zum Tag des Verfassens. Eine weitere gute Idee ist der „Feld-Test" mit wohlmeinenden Freunden oder Familienmitgliedern, die den Mut haben, Ihnen zu sagen, wenn ihnen etwas nicht gefallen hat. Eine weitere Möglichkeit ist, sich selbst von einer anderen Person in Ihrer neuen Fantasiereise anleiten zu lassen. So merken Sie schnell, wo noch etwas hakt.

Die meisten Personen, mit denen Sie eine Geführte Meditation durchführen, können die Qualität Ihrer Arbeit gar nicht beurteilen, weil sie über keine entsprechende Qualifikation dazu verfügen. Sie können jedoch sagen, ob sie ihnen gefallen hat ... oder nicht. Eine unqualifizierte Übung kann ein leichtes Unbehagen in den Teilnehmerinnen zurücklassen, das sie vielleicht nicht verbalisieren können oder wollen, aber der Seminarleiter ihrer Wahl werden Sie für diese Leute dennoch nicht sein.

# 3.4 Verständnisüberprüfung

1. Was ist eine Fantasiereise und worin besteht ihr Ziel?

_____

_____

_____

_____

_____

2. Welche Reaktionen kann es bei den Teilnehmern hervorrufen, wenn die Anleitungen zu viel Text beinhalten?

_____

_____

_____

3. Welche Reaktionen kann es in den Teilnehmern hervorrufen, wenn die Geführte Meditation zu viele detaillierte Vorgaben hat?

_____

_____

_____

4. Grundsätzlich sollte in Geführten Meditationen sparsam mit Worten umgegangen werden. In welchem Fall hingegen sollten Sie etwas ausführlicher anleiten?

_____

5. **Was gilt für den Einsatz von Adjektiven?**

_____

_____

_____

6. **Wir sprachen im Zusammenhang mit den Formulierungen von Inkongruenzen, Brüchen und heiklen Elementen.**
   **Bitte nennen Sie vier davon und zu jedem ein Beispiel.**

_____

_____

_____

_____

_____

7. **Wie wird ein Mensch innerhalb der Geführten Meditation vermutlich reagieren, wenn er mit Inkongruenzen, Brüchen oder heiklen Elementen konfrontiert wird?**

_____

_____

_____

8. **Ist es sinnvoll, in Fantasiereisen die Elemente Wärme, Schwere und Ruhe des Autogenen Trainings einzusetzen?**

   ○ Ja     ○ Nein

9. **Warum sollten Sie im Zusammenhang mit Naturbeschreibungen nicht den Begriff _Antennen_ verwenden?**

_____

_____

_____

10. Was ist ein „Feld-Test" und wozu dient er?

_____

_____

_____

11. Welche Wirkung haben Formeln des Autogenen Trainings, wenn sie in Geführten Meditationen eingesetzt werden?

_____

_____

_____

12. Wieso sollten wir sehr vorsichtig beim Einsatz von Suggestionen sein?

_____

_____

_____

_____

_____

# 4. Imaginationen

„Der Vorgang der Meditation hat eine deutliche
Parallele zur psychologischen Analyse."
– *Carl Gustav Jung*

In diesem Kapitel beschäftigen wir uns mit dem Zusammenhang zwischen unseren inneren Bildern und dem Unterbewusstsein. Sie werden erfahren, wo die Ursprünge der Imagination liegen, welche Möglichkeiten sie bietet, und Sie lernen die Vorgehensweise ihrer Anwendung.

## 4.1 Imagination und Tiefenpsychologie

Die anspruchsvollere Variante der Geführten Meditationen sind die Imaginationen, auch *Wachtraumtechniken* genannt. Sie sind eine beliebte Methode in der Tiefenpsychologie, die sie zu Zwecken der Verhaltensänderung oder zur Überwindung bestimmter Ängste einsetzt. Auch wenn wir in unserem Tun keine therapeutischen Zielsetzungen im medizinischen Sinne verfolgen, sollten wir uns dennoch bewusst sein, dass wir an der Grenze zur Tiefenpsychologie arbeiten. Um ein Gefühl dafür zu bekommen, wo diese Grenze verläuft, steigen wir etwas tiefer in dieses Wissen ein. Abgesehen davon ist es überaus spannend und interessant, denn es vermittelt uns ein Grundverständnis von der Funktion der menschlichen Psyche und damit von den Möglichkeiten, die eigene Gesundheit zu stärken und ein erfüllteres Leben zu führen.

Zur Erinnerung: Im Kontext dieses Buches dient die Arbeit mit Geführten Meditationen der
⋯⟩ Entspannung und Regeneration
⋯⟩ Selbsterkenntnis
⋯⟩ Stärkung der Persönlichkeit
⋯⟩ Förderung der Kreativität

## 4.2 „Milz an Großhirn" – die gegenseitige Beeinflussung von Körper und Geist

Grundsätzlich ist Imagination ein Weg zur Wahrnehmung unserer inneren Bilder, die sich in unserer Vorstellungskraft, unserer Fantasie und unseren Träumen ausdrücken. Diese Bilder können unsere Entwicklung entweder fördern oder hemmen.

Die Imagination ist sozusagen der Vermittler zwischen unserem Bewussten und Unbewussten und zwischen Körper und Seele. Es handelt sich dabei um einen „Zwei-Wege-Kanal". Die Bilder des Unbewussten bewirken einerseits eine Veränderung unseres Bewusstseins, aber andererseits können wir mit unserem Bewusstsein Einfluss auf unser Unterbewusstsein nehmen.

### Ein Beispiel mag dies verdeutlichen:

Peter hat eine Erkrankung. Innerhalb einer Geführten Meditation begegnet ihm ein Symbol, dessen Deutung ihn auf die Ursache dieser Erkrankung führt und eine Heilungsmöglichkeit aufzeigt. Das innere Bild wird in seinem Bewusstsein lebendig. Er denkt darüber nach und leitet aktive Maßnahmen ein, um seinen körperlichen Heilungsprozess zu unterstützen. – Ein Symbol aus dem Inneren, das unwillkürlich aufsteigt, hilft zu erkennen, was im Außen zur Heilung zu tun ist.

Barbara fühlt sich oft schwach und hilflos, vermeintlich Stärkeren wie Vorgesetzten und Eltern ausgeliefert. In der Imagination verbindet sie sich häufig mit dem Bild eines Felsens. Je öfter sie dies tut, je tiefer sie in das Bild eintaucht und sich mit dem Gefühl, ein Felsen zu sein, verbindet, desto stärker und ruhiger wird sie. Diese Ruhe und Kraft werden irgendwann in Körper und Geist wohltuend für sie wahrnehmbar. – Sie benutzt also bewusst ihre kognitiven Fähigkeiten, um ein Bild zu erzeugen, das auf ihr Unterbewusstsein einwirkt und eine Umstimmung von Körper und Geist in Richtung Stärke und Selbstbewusstsein bewirkt. – Hier wird bewusst ein Symbol erzeugt und quasi nach innen gesendet, um im Unterbewusstsein Reorganisationsprozesse in Gang zu setzen.

Zur Erinnerung: Im Zustand unseres normalen Tagesbewusstseins ist überwiegend unsere linke Hirnhemisphäre aktiv, der der logische Verstand zugerechnet wird. Wir nutzen also unser Gehirn – und damit die in uns angelegten Fähigkeiten – üblicherweise nicht ausgewogen. Imagination hingegen ist die Domäne der rechten Gehirnhälfte. Indem wir häufiger und bewusster imaginieren, schaffen wir mehr Gleichgewicht zwischen den beiden Gehirnarealen und können unsere Potenziale besser nutzen. Außerdem erschließt sich uns so eine ausgewogenere und ganzheitlichere Sicht auf uns selbst und das Leben.

Genau aus diesem Grund werden Imaginationen so gerne in der Therapie eingesetzt: Die Betroffenen erfahren mehr über die Beziehung zu sich selbst, zu anderen Menschen und zu ihrer Mitwelt. Imaginieren setzt gebundene Energien frei und ermöglicht Veränderungen und Grenzüberschreitungen auf eine ganz natürliche Weise. Denn die Auseinandersetzung mit dem, was uns innerlich bewegt und antreibt, wird dadurch erleichtert, dass diese Sachverhalte in Bilder oder ganze Geschichten umgesetzt werden, was ihnen einen Objektcharakter verleiht. Das, was in uns lebendig ist, kann also aus einer „sicheren Distanz" erlebt, verarbeitet und integriert werden.

## 4.3 Götter, Geister und Dämonen – Ursprung der Imagination

„Wort und Bild sind Korrelate,
die sich immerfort suchen."
– J. W. von Goethe

Menschen haben vermutlich vom Beginn ihrer Existenz an ihre inneren Bilder natürlicherweise in ihr Leben einbezogen. Das ist gut nachvollziehbar, wenn man sich verdeutlicht, dass es eine der spezifischen menschlichen Eigenschaften ist, die optischen Verarbeitungszentren des Gehirns mit denen der Sprache zu verbinden.

Wenn sich Schamanen und Medizinmänner zu archaischen Zeiten in Trance versetzten, um sich mit Göttern, Geistern, Dämonen und Krafttieren zu verbinden, so ist das durchaus eine imaginative Technik.

Im antiken Griechenland gab es in den Tempeln des Gottes Asklepios den „Heilschlaf". Kranke wurden in eine Trance versetzt und die Priester deuteten anschließend die Symbole aus deren Traumbildern zur Heilung der Erkrankung.

Die Schüler des Philosophen Epikur (342-271 v. Chr.) wurden dazu angehalten, sich in Vorstellungsbildern auf einen Standpunkt fernab ihrer irdischen Existenz zu versetzen, um ein Gefühl für die Bedeutungslosigkeit ihrer derzeitigen Probleme zu bekommen.

Jahrhunderte später legten Mystiker wie Hildegard von Bingen (1098-1178), Meister Eckhart (1260-1328) oder Theresa von Ávila (1515-1582) Zeugnis davon ab, dass sie in tiefer Versenkung Gott schauten. Hier wird deutlich, wie sehr innere Bilder auch das religiöse Erleben vertiefen können.

Wir erkennen: Die Techniken der Imagination sind jahrtausendealt. Kommen wir jedoch ins 20. Jahrhundert zurück.

Hier ist es vor allem Prof. Dr. Carl Gustav Jung (1895-1961) zu verdanken, dass die imaginativen Techniken in Europa salonfähig wurden. Der Tiefenpsychologe hat sich sein Leben lang intensiv mit dem Unterbewusstsein beschäftigt – und er war ausgesprochen reisefreudig. So verbrachte er unter anderem längere Zeiten in Afrika und Asien. Dort kam er mit jahrtausendealten spirituellen Kulturen in Kontakt und erweiterte das gängige Bild von der menschlichen Psyche, das bis dahin weitestgehend durch die Libido-Betonung seines Lehrers Sigmund Freud definiert wurde. Jung postulierte, dass es auch ein psychisches Erleben jenseits der Grenzen des Verstandes gibt, und kann somit als Begründer der Transpersonalen Psychologie gesehen werden. Er prägte für seine Arbeit mit den Bildern des Unbewussten den Begriff „Aktive Imagination". Leider hat er kein Lehrwerk dafür hinterlassen, nicht einmal systematische Darstellungen. Hinweise auf diese Methode finden sich eher verstreut in seinen Werken und Briefen.

In seinen Aufzeichnungen gibt es eine Beschreibung dessen, was er als „Initialzündung" für die Wachtraumarbeit ansah. Er sagte, dass die Jahre, in denen er den inneren Bildern nachging, die wichtigste Zeit seines Lebens waren:

> „Es war in der Adventszeit des Jahres 1913, als ich mich zum entscheidenden Schritt entschloss. [Anm. d. Verf.: Zu dieser Zeit sagte er sich von seinem Lehrer Sigmund Freud los!]
> Ich saß an meinem Schreibtisch und überdachte noch einmal meine Befürchtungen, dann ließ ich mich fallen. Da war es mir, als ob der Boden im wörtlichen Sinne unter mir nachgäbe und als ob ich in eine dunkle Tiefe sauste. Ich konnte mich eines Gefühls der Panik nicht erwehren. Aber plötzlich, nicht allzu tief, kam ich in einer weichen stickigen Masse auf die Füße zu stehen – zu meiner großen Erleichterung. Jedoch befand ich mich in einer fast völligen Finsternis. Nach einiger Zeit gewöhnten sich meine Augen an die Dunkelheit, die nun einer tiefen Dämmerung glich. Vor mir lag der Eingang zu einer dunklen Höhle und dort stand ein Zwerg. Er schien mir wie aus Leder, so als ob er mumifiziert wäre. Ich drängte mich an ihm vorbei durch den engen Eingang und watete durch knietiefes Wasser zum anderen Ende der Höhle."[14]

Gerade in den Zwanzigerjahren boomte in Europa die psycho-spirituelle Szene. Kein angesagter Salon, in dem keine Séancen abgehalten oder nicht über die indischen Yoga-Lehren diskutiert wurde. Die theosophische Gesellschaft in Deutschland zum Beispiel hatte ihre Blüte in dieser Zeit. Psychologie, Esoterik und Spiritualität wurden seinerzeit nicht so rigide getrennt, wie das heute der Fall ist. Die häufig noch im descartesianischen Denken verhafteten Ärzte und Wissenschaftler erklärten diese Dinge im Laufe der Zeit zu pseudo-wissenschaftlichem Unsinn und sorgten dafür, dass die Wachtraumarbeit in Medizin und Therapie an Bedeutung verlor und sich stattdessen mehr unter esoterisch Interessierten verbreitete.

Dieser kleine Ausflug in die Vergangenheit soll verdeutlichen, wo die Wurzeln der Erkenntnisse und Erfahrungen mit der Imagination liegen und dass es sich dabei nicht um Auswüchse esoterischer Einfaltigkeit handelt – auch wenn das Thema von einigen Unwissenden immer noch gerne in diese Ecke gedrängt und hier und dort milde belächelt wird.

Inzwischen besinnen sich Mediziner und Heilende allgemein, namentlich die Psychologie, jedoch wieder zunehmend auf die Arbeit mit dem Unterbewusstsein. Bekanntester Vertreter dieser Richtung war Hanscarl Leuner (1918-1996). Er ent-

---

14    Carl Gustav Jung, zitiert aus: Jaffé, A. (Hrsg.) (1999): *Erinnerungen, Träume, Gedanken von C. G. Jung.* Walter-Verlag.

wickelte 1954 die Methode „Katathymes Bilderleben" – seit einigen Jahren KIP (Katathym Imaginative Psychotherapie) genannt. Vielleicht ist es sogar den Esoterikern zu verdanken, dass die Methode der Imagination nicht dem Vergessen anheimgefallen ist.

### Real oder nicht real?

Vielleicht hat Ihnen schon einmal jemand erzählt, dass ihm in einer angeleiteten Meditation ein Schutzengel, ein Krafttier oder etwas Ähnliches begegnet ist. Möglicherweise ist Ihnen sogar selbst eine derartige Begegnung zuteilgeworden. Solche Begebenheiten werfen ganz natürlich die Frage auf: Sind diese Erscheinungen „wahr", haben sie eine eigene Existenz, sind sie Ausflüsse aus den Tiefen unseres Unterbewusstseins oder handelt es sich schlicht um Auswüchse einer überbordenden Phantasie?

Viele Psychologen weisen heute immer noch vehement von sich, dass es etwas geben könnte, das die wahrnehmbare Realität unserer fünf Sinne übersteigt. Diese Haltung ist ein Erbe jener Zeit, in der Wissenschaft und Medizin allem die Existenzberechtigung verweigerten, das sie nicht wissenschaftlich untersuchen oder logisch erklären konnten. Obwohl sich diese alten Verkrustungen allmählich auflösen, werden „innere Begegnungen" meistens immer noch als Ausflüsse unseres Unterbewusstseins gewertet und ihnen somit eine eigenständige Existenz abgesprochen. Die Frage bleibt dennoch: Haben sie eine oder nicht? Auch Sie werden sich mit dieser Frage auseinanderzusetzen haben, wenn Sie selbst oder Ihre Teilnehmer Begegnungen mit einem Meister, einer weisen alten Frau oder Erzengel Michael haben. Bringen wir es auf den Punkt. Die Frage nach der Eigenständigkeit solcher Erscheinungen kann ganz klar beantwortet werden: Man weiß es nicht.

Ich selbst habe Erfahrungen gemacht, die mich stark vermuten lassen, dass es mehr gibt, als „eure Schulweisheit sich träumen lässt", um es mit den Worten von Shakespeares Hamlet zu sagen – aber das ist meine ganz persönliche Einschätzung. Einige Werke, die nach Aussage ihrer Autoren *gechannelt*[15] wurden – zum Beispiel *Ein Kurs in Wundern*, *Gespräche mit Gott*, *Gespräche mit Seth* –, beinhalten ein so hohes Maß an universeller Weisheit und Güte, dass sich fast zwangsweise die Frage auftut, ob diese Inhalte einem Menschenhirn entstammen können.

Sollten wir allerdings über das von C.G. Jung beschriebene *kollektive Unbewusste* – oder noch weiter gefasst – über das von Rupert Sheldrake beschriebene morphogenetische Feld[16] tatsächlich mit „ALLEM" verbunden sein, dann sind die Dinge glei-

---

15    Channeln = Empfangen und Weitergeben von Botschaften spiritueller Wesen.
16    Morphogenetisches Feld (auch morphisches Feld) = ein universelles Energiefeld, das die gesamte Schöpfung umfasst. Geprägt wurde dieser Begriff von dem Biologen Rupert Sheldrake.

chermaßen außen wie in uns selbst. Nach meinem Verständnis handelt es sich dabei um universelle Informationsfelder, deren Schwingungen zu bestimmten Zeiten, in bestimmten Stimmungen oder unter bestimmten Bedingungen in Form von Bildern oder „innerem Wissen" in unserem Bewusstsein auftauchen. Unser Bewusstsein selbst ist nach dieser Definition ein Bestandteil dieses Feldes.

Die hier aufgeworfenen Fragen und Ansätze sind allesamt philosophischer Natur, und es ist nicht das Ziel dieses Buches, sie an dieser Stelle auszudiskutieren. Wenn Sie jedoch an diesem Thema und dem Ausloten der Möglichkeiten interessiert sind, die imaginative Techniken bieten, empfehle ich Ihnen, sich mit weiterführender Literatur zu beschäftigen. Auch wenn Sie nicht alles annehmen können, das Sie dort erfahren: Ich kann Ihnen versprechen, dass sich Ihr Verständnis des Menschseins, des Lebens und des Universums ebenso erweitern wie vertiefen wird.

## 4.4 Wohnen in Luftschlössern –
## Realität und Möglichkeiten von Imaginationen

> „Eingehüllt von den Medien und der Technologie
> sind wir mittlerweile so weit, dass wir Bilder aus zweiter Hand
> dem vorziehen, was Jung ‚das geistige Abenteuer' nannte.
> Die durch persönliche Entdeckung und visionäre Zustände erlangte
> Selbsterkenntnis mutet, im Vergleich zum voyeuristischen
> Glotzen, den virtuellen Unterhaltungen und hypnotischen
> Ablenkungen der zeitgenössischen Kultur fremdartig an.
> Vielleicht ist bei uns eine Veränderung fällig – ja überfällig."
> – *Daniel Pinchbeck*, aus: „Den Kopf aufbrechen"

Wenn Sie Geführte Meditationen und Imaginationen anleiten, geht es vor allem darum, dass Sie Menschen neue Lebensräume öffnen. Sie schaffen, poetisch ausgedrückt, einen *Raum der Freiheit*, einen Raum, in dem auf ganz natürliche Weise das Verständnis der Realität überschritten werden kann. Zeit und Raum lösen sich sozusagen auf – Zukunft, Gegenwart und Vergangenheit bekommen eine neue Bedeutung. So kann Imagination einerseits ein Raum der Erinnerung sein, andererseits aber auch ein Raum, in welchem die Zukunft in die Gegenwart hineingeholt wird. Unsere Vorstellungen von Machbarkeit verändern sich, denn in der Fantasie, die wir zum Imaginieren nutzen, ist alles möglich – alles erlaubt. Alle unsere Sehnsüchte, schöpferischen Möglichkeiten und Ängste bilden sich dort ab und wir können uns in andere Menschen oder sogar in Tiere hineinversetzen. Vergangene Situationen können wir noch einmal erleben – und sogar verändern – und wir können zukünftige Situationen nach unseren Wünschen gestalten. Wir imaginieren ständig, zum Beispiel wenn wir unseren Alltag planen, Lösungen für Probleme suchen oder uns Gedanken über neue Entwürfe für ein befriedigenderes Leben machen.

C.G. Jung hat den Begriff der Individuation[17], der Ich-Werdung geprägt. Er sagt über die von ihm begründete Methode der Aktiven Imagination, dass der Mensch über die Auseinandersetzung mit seinen inneren Bildern einen Dialog zwischen Ich und Unterbewusstsein führt und dass dieser psychische Prozess eine Voraussetzung für die Ich-Werdung ist.

Diese nüchtern-pragmatischen Ansätze werden von einigen Philosophen belächelt. Sie betonen, dass es neben dem pragmatischen vor allem auch einen *schöpferischen* Ansatz gibt. Sie beschreiben die Imagination als Vermittler zwischen dem Sichtbaren und dem Unsichtbaren, zwischen der physischen und der geistigen Welt. Sie

---

17  Individuation = Ganz-Werdung. Zu dem werden, der man wirklich ist – jenseits der Konditionierungen durch Eltern und Gesellschaft.

kann – und sollte – also auch dazu genutzt werden, sich mit Gott, dem Göttlichen, dem Ewigen, dem Universellen oder der eigenen Seele zu verbinden.

Imagination ist keinesfalls abstrakte Träumerei, kein „Ich hab mir das bloß vorgestellt". Sie nimmt eine Vermittlungsposition zwischen zwei Realitäten ein: der Realität unseres Alltagslebens und der Realität unserer Innenwelten. Wenn die erlebte äußere Realität nicht im Einklang mit unseren unbewussten Antrieben, Wünschen und Motiven steht, spüren wir Ärger und sind gestresst. Die Imagination macht uns das bewusster und gibt uns Handlungsmöglichkeiten. Sie bildet die äußere Welt symbolhaft ab und gibt uns die Möglichkeit, unser inneres Erleben zu verändern, wodurch wir wiederum anders in die Welt gehen und neue Erfahrungen machen. Üblicherweise verhalten wir uns nämlich so, dass wir uns an dem orientieren, was wir in der Vergangenheit erlebt und wie wir es empfunden haben, denn das ist in unserem Unterbewusstsein gespeichert. Dieser Vorgang läuft in der Regel unbewusst ab. Indem wir die alten Muster der Vergangenheit auf die Gegenwart übertragen, erschaffen wir eine Zukunft, die der Vergangenheit gleicht. Vielleicht kennen Sie den Film *Täglich grüßt das Murmeltier*. Dort erlebt der Hauptakteur immer wieder denselben Tag – bis er merkt, dass er die Dinge verändern kann, in dem Maße, wie er sich selbst verändert. Irgendwann hat er begriffen, dass die Ursache für sein Glück oder Unglück in seiner eigenen Art zu denken, zu fühlen und zu handeln liegt. Indem er die alten Muster ändert, erlebt er auch eine neue Realität – findet eine Liebe und wird zu einem glücklichen Menschen.

Die Imagination ist ein menschlicher Vorgang der Verarbeitung von Informationen und Emotionen. Während des Imaginierens können wir Geschehnisse noch einmal durchleben und wir können entdecken, dass wir die freie Entscheidung haben, wie wir mit ihnen umgehen möchten, welche „Färbung" wir Erlebtem verleihen möchten.

Eine Klientin, die ich hier Sabrina nennen möchte, befand sich in einer Beziehungskrise. Ständig gerieten ihr Freund und sie aneinander. In Trance ließ ich sie verschiedene Situationen noch einmal durchleben. Aus dieser Distanz heraus wurde ihr plötzlich bewusst, was an ihrem Verhalten die Bedürfnisse ihres Partners verletzte. Sie konnte das Beziehungsmuster erkennen, in das ihr Mann und sie sich ständig verstrickten. Wie im Kino erlebte sie noch einmal die immer hitziger und verletzender werdenden Wortgefechte – diesmal jedoch aus einer neutralen emotionalen Haltung heraus. Durch diese veränderte Perspektive spürte sie zum ersten Mal Mitgefühl mit sich selbst und ihrem Partner gegenüber, weil sie einander so wehtaten, obwohl sie sich doch eigentlich liebten. Sie sagte hinterher, dass sie sich geradezu schäme, sich selbst als solch eine Furie erlebt zu haben. Nach den Erfahrungen der Imagination überzeugte Sabrina ihren Partner davon, gemeinsam ein Seminar in gewaltfreier Kommunikation zu besuchen, um zu lernen, respektvoller miteinander umzugehen. Möglicherweise hat die Imagination ihre Beziehung gerettet.

Wenn wir unsere Vorstellungen verändern, beeinflussen wir damit auch die daran gebundenen Gefühle. Diese Handlungsfreiheit in der Imagination überträgt sich nach einigem Üben auch auf den Alltag: Er wird freier und selbstbestimmter. Wenn wir imaginieren, dann tun wir das mithilfe unserer Fantasie. Das hat nichts damit zu tun, sich Dinge „schönzureden", *unrealistisch* zu sein, oder sich in einer imaginären Traumwelt zu verlieren. Vielmehr geht es darum, unsere Vorstellung von „Realität" zu erweitern, die gewöhnlich auf die äußere konkret wahrnehmbare Wirklichkeit begrenzt ist. Diese Vorstellung ist jedoch falsch, denn auch das imaginative Erleben ist Realität – wenn auch eine, die uns meistens nicht bewusst ist.

In der Forschung geht man inzwischen sogar von der Möglichkeit aus, dass erst unsere Vorstellungskraft die Einzelinformationen im Gehirn zu einem sinnvollen Ganzen zusammenfügt. Auf diesen Sachverhalt wies bereits der Philosoph Immanuel Kant (1724-1804) hin. Im Jahre 1781 bezeichnet er in seinem Werk *Kritik der reinen Vernunft* die Einbildungskraft als „... ein notwendiges Ingredienz der Wahrnehmung selbst", und er führt weiter dazu aus: „... die Einbildungskraft soll nämlich das Mannigfaltige der Anschauung in ein Bild bringen ..."

Die Beschäftigung mit unseren inneren Bildern kann auf verschiedene Weise hilfreich für uns sein – und mit Bild meine ich jede Art von Bild, das wir schöpferisch gestalten. Denn egal ob beschrieben, gemalt oder anderweitig dargestellt: Es ist ein Abbild unserer Innenwelt und es zeigt, wo wir in unserer Entwicklung gerade stehen und mit welchen Problemen wir zu kämpfen haben. Außerdem drücken Bilder unsere innersten Wünsche und Hoffnungen aus – auch die, die uns vielleicht bislang nicht bewusst waren. All diese inneren Bilder sind mit Emotionen verknüpft – Gefühle, die uns nicht als freie Energie zur Verfügung stehen, weil sie gebunden sind. In dem Maße, wie wir lernen, uns selbst zu verstehen, befreien wir auch diese Energie. Dieses Sich-selbst-Verstehen hat für sich genommen bereits einen therapeutischen Effekt. Über die Bilder *in* uns arbeiten wir an dem Bild *von* uns, von anderen und von der Welt, denn die Bilder, die wir uns von uns, von anderen und der Welt machen, können unsere Lebensbewältigung fördern oder hemmen. Das hängt von ihrer Qualität ab und auf diese können wir über die Imagination Einfluss nehmen.

„Wandel ist der einzig mögliche Ausweg aus dem Ich.
Wenn wir ihn nicht begrüßen und annehmen,
erfahren wir das Erwachen unseres wahren Wesens
nicht als Veränderung, sondern als Krise.
Ohne dieses Annehmen hocken wir auf nichts
als Widerstand und Reaktionen."
– *Steven Harrison*, Mystiker (der „furchtlose Nichtstuer")

In der Zusammenfassung nun die verschiedenen positiven Aspekte des Imaginierens:

···> Durch die Bilder im Inneren wird uns viel über unsere Beziehung zu uns selbst bewusst – wir lernen, uns besser zu verstehen.

···> Unser Verständnis von uns selbst und der Welt wird deutlicher.

···> Mehr Nähe zu den eigenen Emotionen wird möglich.

···> Es kann mehr Abstand zu negativen Vorstellungen von sich selbst genommen werden.

···> Befreiung von Gefühlen, die an belastende Bilder gebunden waren.

···> Anstelle fixierter Vorstellungen eröffnen sich uns neue Perspektiven des Erlebens und zum Handeln.

···> Wesentliche Aspekte der Persönlichkeit, die bislang verborgen waren, können erkannt und ins Leben integriert werden.

···> Verbesserung des Selbstgefühls und der gesamten Lebenshaltung durch die Erfahrung schöpferischer Persönlichkeitsveränderung.

···> Zuwachs an Hoffnung und Nachlassen von Ohnmachtsgefühlen in schwierigen Lebenssituationen, weil erfahrbar wird, dass Überschreitungen von Grenzen möglich sind, dass sich Gefühle und Situationen ändern können und die Zukunft immer offen ist und mitgestaltet werden kann.

···> Verbesserung der Selbstwahrnehmung von Körper, Gedanken und Gefühlen.

···> Verbesserte Konzentrationsfähigkeit.

···> Anregung der Selbstheilungskraft.

Ein wesentliches Unterscheidungsmerkmal, das „Luftschlösser" oder „Mindfucks" von wirklichem tiefem innerem Erleben unterscheidet, sind die Tiefe des Erlebten und die emotionale Berührtheit, die wir beim Imaginieren erfahren. Die oben beschriebenen positiven Aspekte setzen wir umso nachhaltiger um, je vorbehaltloser und mutiger wir uns auf das Abenteuer, das wir selbst sind, einlassen, je tiefer wir uns in die eigenen Bilder und vor allem in unsere Gefühle fallen lassen können. Behalten Sie dabei jedoch auch hier im Auge, was für jede Therapie gilt: Nicht jede Methode oder Ausdrucksform ist für jeden Menschen geeignet. Es gibt Menschen, die ihre inneren Bilder lieber gestalterisch ausdrücken, zum Beispiel in Form von Malen, Bildhauen oder Psychodrama.

## 4.5 Jenseits von Worten – Symbole und ihre Deutungen

Sie werden in diesem Buch noch häufig auf den Begriff des Symbols treffen; darauf, dass die Bilder unseres Inneren *symbolhaften Charakter* haben, dass sie *Symbole* sind und dass das Selbst mit dem Unterbewusstsein über eine *Symbolsprache* kommuniziert. Auch die Seele bedient sich in ihrer Körpersprache eines *symbolhaften* Ausdrucks, wenn sie durch somatische Symptome zum Ausdruck bringen möchte, dass und worunter sie leidet. Damit wird klar, dass dieser Begriff von großer Bedeutung für unser Thema ist und das wiederum wirft die Frage auf: Was ist ein *Symbol*?

Das Wort stammt aus dem Griechischen und bedeutet dort „verbinden", „verdichten", „zusammenwerfen". Ein Symbol verdichtet unterschiedliche Kräfte, die sich in Träumen, in Tagträumen oder beim Imaginieren ausdrücken.

Ein Symbol ist quasi ein Bedeutungsträger, der komplexe, ahnungsreiche, bedeutungsschwangere Inhalte, Sachverhalte oder Aussagen in ein Bild fasst – im wahrsten Sinne des Wortes ein „Sinn-Bild".

Wenn ein Mann einer Frau eine rote Rose schenkt, bringt dieses Symbol zum Ausdruck: Ich begehre dich, ich möchte dich besser kennenlernen, ich möchte mit dir zusammen sein – ich liebe dich. Vermutlich drückt es noch viel mehr aus. Im Negativen kennen wir das Symbol des „Stinkefingers". Auch bei diesem Zeichen herrscht weitestgehende Einigkeit über das, was der Absender damit ohne Worte zum Ausdruck bringen möchte. Wie wir es auch drehen und wenden: Immer ist ein Symbol mit bestimmten Emotionen verbunden. Es gibt ganz verschiedene Arten von Symbolen, zum Beispiel: Dinge, Zeichen, Archetypen, religiöse Symbole oder Symbole, die in allen Mythen und Märchen der Welt vorkommen. Symbole tauchen im Alltag auf, in unseren Träumen, Wachträumen – und in Imaginationen.

Meister der Symboldeutung ist der bereits erwähnte Carl Gustav Jung. Sein Buch *Der Mensch und seine Symbole* und die Bücher des Mythologen Prof. Joseph Campbell (1904-1987) gelten als Klassiker der Symboldeutung. Für „Normalsterbliche" sind deren Ausführungen schwer zu verstehen. In neuerer Zeit gibt es Autoren, die sich mit beiden intensiv auseinandergesetzt und ihre Lehren für uns in eine leicht verdauliche Form gebracht haben – zum Beispiel Klausbernd Vollmar. Der Psychologe hat verschiedene Schwerpunkte und einer davon ist die Traum- und Symbolarbeit. Ich kann seine Bücher wärmstens empfehlen: Sie sind ohne Ausnahme kompetent und gut geschrieben; es macht wirklich Freude, sie zu lesen.

„Wieso kann ein Zeichen in einem Traum etwas anderes bedeuten als in einem anderen?" Regin warf die winzigen Holzspäne über seine Schulter ins Feuer und drehte die Schale in den Händen. „Das kann viele Gründe haben", antwortete er: „Manchmal bezieht sich ein Zeichen auf eine Sache und dann wieder auf eine andere. Manchmal ist es für einen selbst, dann wieder für den Feind. Raben können Sieg oder Tod bedeuten, Rinder manchmal Reichtum, aber auch Streit oder ein Gemetzel. Oft gewinnt der Traum seine wahre Bedeutung erst durch die Art, wie er ausgelegt wird, und durch den, der ihn deutet."[18]

Diese Zeilen aus Grundys Nibelungen-Epos *Rheingold* weisen sehr treffend auf die Schwierigkeit der Symboldeutung hin. Sie ist ein überaus komplexes Thema, bei dem man niemals auslernt, was unter anderem daran liegt, dass Symbole meistens mehrdeutig sind. Um Symbole umfassend deuten zu lernen, muss man viele kluge Bücher gelesen und sollte man sich am besten auch mit Traumarbeit und Mythologie beschäftigt haben. Außerdem gehört viel Erfahrung dazu. Einiges werden Sie aus diesem Buch lernen, aber ich würde Ihnen trotzdem empfehlen, sich spezielle Literatur über das Thema zu besorgen. Im Literaturverzeichnis am Ende dieses Buches habe ich eine Auswahl für Sie zusammengestellt, mit der Sie für den Anfang gut zurechtkommen werden.

---

18  Grundy, Stephan: *Rheingold*. Frankfurt/M. 1992, S. 410.

## 4.6 Die Rolle des Anleitenden

Bevor wir uns dem praktischen Vorgehen zuwenden, möchte ich noch ein paar Worte zu unserer Rolle als Anleitende verlieren. Sie ist eine heikle Rolle, denn dadurch, dass wir mit Inhalten des Unterbewusstseins arbeiten, müssen wir sehr viel Verantwortungsbewusstsein und Umsicht an den Tag legen. Unsere Aufgabe ist es, den oder die Klienten durch die Übungen zu begleiten, ohne unnötige Vorgaben zu machen, zu beeinflussen oder zu suggerieren.

In der Tiefenpsychologie hat man die Erfahrung gemacht, dass Klient und Übungsleiter offenbar gemeinsam die inneren Bilder des Klienten erleben können. Es ist von einem „Feld" die Rede, zu dem beide Zugang haben. Das kann von Vorteil sein. Es kann aber auch ein Nachteil sein, wenn die Übungsleiterin meint, sich im Feld ihres Klienten zu bewegen, in Wirklichkeit aber in ihrem eigenen ist und ihr Erleben auf den Klienten projiziert. Unabhängig von diesen Feldern sollte man sich als Anleitende bewusst sein, dass die Bilder eines anderen immer auch in einem selbst Bilder auslösen. Gerade die archetypischen Bilder sind es ja, die wir mit allen Menschen teilen. Obwohl es fast unmöglich ist, dabei objektiv zu bleiben, sollten wir uns nach Kräften darum bemühen.

Andererseits ergibt sich ein entscheidender Teil der Wirksamkeit der Wachtraumarbeit durch die Anwesenheit des Anleitenden in Form einer „getönten" Übertragung. Das bedeutet, dass Sie für die Zeit der Anleitung zur Schutzfigur, zum Beispiel zur Mutter, werden, die Sicherheit und Orientierung bietet. Viele Menschen können sich tiefer auf ihre inneren Bilder einlassen, wenn sie das Gefühl haben: Da ist jemand, der über mich wacht. Das ist dem Verhalten eines Kleinkindes ähnlich, das bei Angst in den Schoß der Mutter kriecht, von dort aus erst einmal die Lage sondiert und, wenn alles friedlich scheint, wieder vom Schoß herunterrutscht und weiterspielt.

Sie bekommen jetzt vermutlich gerade eine Vorstellung davon, wie schwierig der therapeutische Einsatz von Imagination ist. Das ist er in der Tat, man braucht eine gute Ausbildung, viel Erfahrung und möglichst laufende Supervision. Da wir unseren Einsatz aber im Bereich von Entspannung, Selbsterkenntnis und Stärkung der Persönlichkeit sehen, können Sie ganz locker bleiben.

Was mir an der Technik der aktiven Imagination so gut gefällt, ist die Rolle des Anleitenden, der sich selbst zunehmend überflüssig macht. Wer noch ungeübt im Imaginieren ist, wird dankbar dafür sein, wenn ihm die ersten Innen-Reisen vorgegeben werden. Sobald jedoch eine gewisse Sicherheit und Orientierung erlangt sind, kann der Anleitende bestenfalls noch dazu dienen, den Anfangspunkt des oder der ersten Bilder zu finden, um dem Klienten im nächsten Schritt nur noch als zurückhaltender Begleiter zu dienen. Sobald die Imaginierende die Vorgehensweisen und Interventionen kennengelernt hat und Übung darin hat, ihre eigenen Bilder und Symbole zu deuten, ist die Anleitende tatsächlich entbehrlich geworden. Was für ein freiheitlicher Gedanke. Diese Eigenständigkeit in Menschen zu entwickeln kann ein schönes Ziel imaginativer Techniken sein. Ich möchte jedoch betonen, dass ein Gegenüber, sofern es sich mit Beeinflussungen zurückhält, sehr hilfreich beim Aufdröseln innerer Erlebnisse sein kann. Wir werden also als Anleitende auch dann noch eine Daseinsberechtigung haben, wenn wir unsere Teilnehmer oder Klienten zur selbstständigen Wachtraumarbeit befähigt haben.

## 4.7 Innere Bilder und Motive

Die folgenden Ausführungen beziehen sich auf zwei verschiedene Varianten von Imaginationen, denn diese Übungen können sowohl mit Gruppen als auch mit Einzelpersonen angeleitet werden. Die Arbeit mit einer Einzelperson ermöglicht es Ihnen, interaktiv zu arbeiten, das heißt, Sie stehen während der Anleitung in einem Dialog mit dem Betreffenden und werden somit in gewisser Weise Bestandteil seiner inneren Reise. Es liegt auf der Hand, dass Sie die Formulierungen der jeweiligen Anleitungsform anpassen müssen.

Während man sich in einer Fantasiereise passiv den inneren Bildern hingeben sollte, geht es bei Imaginationen eher darum, die Bilderwelt bewusst zu erfassen und ihr Struktur zu geben. – Grundsätzlich kann dieses Bilderleben auf zwei Arten eingeleitet werden.

1. Durch ein *assoziatives* Vorgehen, das bedeutet, der Anleitende gibt kein Motiv vor, sondern der Prozess entsteht und entfaltet sich im Bewusstsein der Klientin. Solch ein Wachtraumprozess kann angeregt werden durch:
   ···⟩ eine Körperempfindung (z.B. Atembeklemmung, Schmerzen);
   ···⟩ die momentane Grundgestimmtheit;
   ···⟩ Worte und Begriffe bildhaften Ursprungs, Metaphern (z.B. „Mir sitzt die Angst im Nacken", „Ich fühle mich in die Enge getrieben");
   ···⟩ die Visualisierung bestimmter Konfliktsituationen;
   ···⟩ Bilder aus Träumen;
   ···⟩ einen Traum, der „weitergeträumt" wird.

2. Durch die Vorgabe eines Bildes, zum Beispiel eines Baumes, eines Gartens, eines Flusses oder Ähnlichem.

Im Folgenden stelle ich Ihnen die gebräuchlichsten Motive vor: Haus, Wasser, Baum und innerer Begleiter. Sie sind deshalb so beliebt, weil sie das innere Erleben intensiv anregen. Unsere Psyche scheint auf diese vielschichtigen Symbole ganz besonders gut anzusprechen.

### Haus

In der Psychotherapie gilt das Haus als Symbol für unsere Persönlichkeit. – Das Motiv des Hauses ist eine sehr gute Vorübung für weitere Imaginationen. Sie werden erstaunt sein, wie unglaublich vielschichtig dieses Bild ist und was damit alles zutage befördert wird.

Am besten beginnen Sie mit der Anweisung, sich das Haus der Kindheit vorzustellen. Im nächsten Schritt lassen Sie das Haus umgestalten und im dritten Schritt regen Sie schließlich an, ein völlig surreales Haus entstehen zu lassen.

···⟩ *Lassen Sie sich Ihre Teilnehmer in ihrer Fantasie das Haus oder die Wohnung ihrer Kindheit anschauen.*
Sich in seinen Gedanken die Wohnräume seiner Kindheit anzuschauen, das kann jeder. Es gibt dem Imaginierenden die beruhigende Überzeugung, zum Bildersehen überhaupt fähig zu sein.

···⟩ *Dann geben Sie den Hinweis, das Haus beziehungsweise einzelne Zimmer ganz genau anzusehen.*
Das erzeugt im Imaginierenden das Gefühl, dass die Bilder angeschaut werden „müssen".

···⟩ *Laden Sie dazu ein, auch die Gerüche von damals wahrzunehmen.* **Vielleicht den Geschmack bestimmter Speisen, die früher häufig serviert wurden, oder bestimmte Klänge oder Töne, die im Hause seinerzeit sehr vertraut waren.**
Damit lassen Sie die Imaginierenden tiefer in die Bilder eintauchen und die damit verbundenen Emotionen werden lebendiger. Die Angeleiteten begreifen außerdem, dass beim Imaginieren jenseits von „Sehen" noch andere Sinneswahrnehmungen möglich sind. Innere Bilder werden umso lebendiger, je mehr Sinne bei der Übung angesprochen werden.

···⟩ *Geben Sie nun die Regieanweisung, das Haus nach eigenem Ermessen umzugestalten.*
Die Imaginierenden erfahren dadurch, dass auch (scheinbar) Gegebenes gewandelt werden kann, und übertragen diese Erfahrung später auf ihr Leben. Durch die Aufforderung, etwas nach eigenem Belieben zu gestalten, wird sich jeder Angeleitete seiner Bedürfnisse wieder deutlicher bewusst. Und das ist gut, denn im normalen Leben werden wir nicht oft gefragt, was wir haben möchten oder wie wir etwas haben möchten, und so verkümmern unsere Wünsche. Hier darf sich nun einmal ungebremst und völlig „egoistisch" ausgetobt werden.

···⟩ *Nun erfolgt die Einladung, ein völlig surreales, verrücktes, utopisches Haus zu erschaffen.*
Dieser imaginäre Vorgang öffnet kreativ die Vorstellungskraft für das „Unglaubliche", das „Unfassbare" – ein neuer Horizont der Freiheit tut sich auf. Diese Imagination macht deutlich, wie sehr unsere Vorstellungen von der Realität entfernt sein können und dabei trotzdem nicht „unrealistisch" sind – denn das Erleben unserer inneren Bilder empfinden wir durchaus als sehr realistisch. Genau genommen unterscheidet unser Gehirn nicht einmal zwischen realen Bildern und denen, die in unserer Fantasie entstehen.

Metaphorisch ausgedrückt spannen wir mit dem Haus der Kindheit zum surrealen Haus einen Bogen, der unsere eigene Entwicklung abbildet: Von der determinierten Kindheit hin zum selbstbestimmten Menschen der Gegenwart.

Die Gruppen oder Einzelpersonen, mit denen ich diese Übung anleite, sind hinterher zum einen sehr erheitert und es ergibt sich ein reger Gedankenaustausch – zum anderen erlebe ich immer wieder ihr Erstaunen darüber, was man auf so spielerische Weise über sich lernen kann.

➜ Eine Musterformulierung finden Sie auf Seite 180.

## Wasser

Wasser kann verschiedene Formen haben: Quelle, Brunnen, Bach, Fluss oder Meer. Und weil das so ist, spreche ich übergreifend einfach von „Wasser".

Astrologisch-mythologisch wird Wasser unseren Emotionen zugeordnet. Vielleicht finden sich in unserer Sprache deshalb so viele Wasser-Metaphern. Da hat jemand „dicht am Wasser gebaut"; „ihm stand das Wasser in den Augen"; „dem steht das Wasser bis zum Hals"; „es fließt eben nicht"; irgendetwas ist „versiegt" und so weiter.
(Wenn wir uns öfter der Bedeutung unserer Worte gewahr wären, wüssten wir mehr über das, was in uns abläuft, uns bewegt und antreibt.)

So drücken Wasserbilder unsere derzeitige emotionale Verfassung und Lebendigkeit aus und die Tatsache, wie wir im Fluss des Lebens stehen.

Man kann auf verschiedene Arten imaginieren:
1. Man betrachtet die Bilder von außen wie einen Film, ohne innere Identifikation mit dem Geschehen.
2. Man sieht sich als Person im Bild.
3. Man erlebt sich selbst als Wasser.

➜ Eine Musterformulierung finden Sie auf Seite 180.

## Baum

Der Baum ist eines der ältesten kollektiven Symbole der Menschheit. In der nordischen Mythologie wurde er als Weltenesche *Yggdrasil* verehrt. In unserem Fall verwenden wir den Baum als Zeichen unseres persönlichen Menschseins.

Der Baum, den wir uns wählen, sagt viel über uns selbst aus. Die Bilder des Baumes, als der wir uns sehen, können ohne Weiteres auf unser Leben übertragen werden. Es ist durchaus von tiefer Bedeutung und macht einen großen Unterschied, ob wir uns als riesenhafter Mammutbaum, als knorrige Eiche oder als filigrane, biegsame Lärche erleben. Und alle Bestandteile des Baumes wie Stamm, Wurzeln, Äste, Blätter, Rinde oder die Krone drücken einen Teil unseres Wesens aus. Wobei scheinbare Unlogik möglich ist; so können zum Beispiel Nadelbäume in unserer inneren Bilderwelt durchaus Früchte tragen oder Bäume eine unübliche Farbe aufweisen. Das Gewachsensein des Baumes deutet unser Gewachsensein in der Welt an. Sind wir gut verwurzelt? Sind wir stämmig, unbieg(beug)sam oder beweglich, flexibel? Tragen wir Früchte? Beherbergen wir Tiere?

Die Landschaft, in die wir unseren Baum stellen, zeigt, wie und wo wir im Leben gerade stehen. Einsam auf einer Lichtung? Oder im Wald, mitten zwischen anderen? – Das Wetter wiederum ist Ausdruck für unsere momentane emotionale Gestimmtheit.

Es geht hier aber nicht darum, dass Sie die Bilder Ihrer Klientinnen deuten. Wenn Sie am Ende solch einer Gruppenimagination einen allgemeinen Einblick in die Bedeutung der verschiedenen Symboliken geben, laden Sie dadurch Ihre Teilnehmer dazu ein, die Bedeutung des Geschauten selbst herauszufinden und in einen regen, oft fruchtbaren Austausch mit den anderen zu treten.

➜ **Eine Musterformulierung finden Sie auf Seite 181.**

## Der innere Begleiter

Viele Menschen finden es sehr angenehm, die imaginativen Übungen gemeinsam mit einem inneren Begleiter zu erleben. Manchmal tritt er spontan auf, manchmal muss man ihn einladen. – Wie mit Begleitern im richtigen Leben ist auch der innere Begleiter durchaus eine zweischneidige Sache: Er kann hilfreich für uns sein oder sich als nervig erweisen.

Wenn ein Begleiter erscheint oder wir in der Anleitung einen dazubitten, bleibt die Frage offen, ob wir es mit einem Wesen mit einer eigenständigen Identität, wie zum Beispiel Engel, Geisthelfer oder Ähnlichem, zu tun haben. Vielleicht steht er auch mit höheren Aspekten unseres Daseins oder mit der kollektiven Weisheit in Verbindung. Vielleicht handelt es sich bei den jeweiligen Verkörperungen um Anteile, die aus uns selbst heraus entstehen: Anteile unserer Persönlichkeit, die wir integriert haben und die uns hilfreich sind, oder andere, mit denen wir uns noch nicht ausgesöhnt haben. Wie dem auch sei: Manchmal brauchen wir einen guten Freund zum Reden oder damit er uns bestärkt oder beschützt.

Im Kontext dieses Buches weise ich der Figur des inneren Begleiters einen Aspekt unserer selbst zu, der bereits erlöst ist, weil er als „Held" schon viele Gefahren erfolgreich überstanden hat und uns von daher ein hilfreicher Freund sein kann.

Manchmal wird keine „Person" wahrgenommen, sondern ein Tier oder eine Art Energiefeld; die Form ist völlig unerheblich.

Im Anleitungstext wird man aufgefordert, sich mit seinem Begleiter in eine Landschaft zu versetzen. Die Art der Landschaft, die gewählt wird, beschreibt symbolhaft, wie wir uns mit dem Begleiter an der Seite fühlen. Ob jemandem unbehaglich mit seinem inneren Begleiter ist, können wir natürlich nur im Rahmen einer interaktiven Einzelsitzung erfahren. In einer Gruppenanleitung bauen wir deshalb eine „Sicherheits"-Formulierung ein.

→ Eine Musterformulierung finden Sie auf Seite 181.

# 4.8 Hürdenlauf – Imaginationshindernisse überwinden

In der Imagination können wir uns Problemen besser stellen als im Alltagsleben – wir empfinden sie dort als weniger bedrohlich, vor allem weil ja auch noch der Anleitende da ist, der uns notfalls „retten" wird.

Dennoch: Wenn Menschen sich auf eine Imagination einlassen, tun sie das nicht immer aus purem Spaß an der Freude. Viele bringt ein gewisses Unwohlsein oder der Wunsch nach Klarblick oder Weiterentwicklung auf diese Idee. Manch einem wird erst während solch einer Sitzung bewusst, dass er ein Problem hat. Hindernisse, die wir im Alltag erleben, bilden sich plötzlich im inneren Bilderfluss ab, ebenso wie verdrängtes Leid oder ungünstige Angewohnheiten, mit Herausforderungen des Lebens umzugehen.

## Wenn die Bilder versiegen

Tauchen solche bislang unbewussten inneren Problemlagen auf, kann es passieren, dass das Unterbewusstsein eine Vermeidungsstrategie einschlägt. Plötzlich versiegt die innere Bilderwelt oder es tauchen Traumbilder auf, die dem Angeleiteten ein Weiterführen (scheinbar) nicht ermöglichen. „Unüberwindliche" Hindernisse. Nichts geht mehr. So etwas kommt relativ oft vor. Wenn Sie mit einer Gruppe arbeiten, liegt es in der Natur der Sache, dass Sie von dem Geschehen nichts mitbekommen. Ihnen bleibt dann nur die Möglichkeit, solche Vorkommnisse nach der Übung zu besprechen und Betroffenen Tipps für den künftigen Umgang mit solchen Situationen zu geben.

Mehr Einfluss können Sie im Rahmen einer *interaktiven* Einzelsitzung nehmen. Einen zielgerichteten Eingriff in den Verlauf einer Sitzung bezeichnet man als *Interventionen*. Solche Maßnahmen sollten sparsam dosiert werden.

Im Fall der versiegenden Bilder ist die Visualisierung von Wasser hilfreich, weil Wasser das Fließen- und Sich-hingeben-Lassen anregt und weil es ein Symbol für den Fluss des Lebens ist. Auch im Fluss des Lebens stellen sich uns Hindernisse in den Weg. Manchmal scheint der Fluss zum Erliegen zu kommen; dann muss sich das Wasser neue Wege suchen. Überaus symbolhaft ist die Tatsache, dass sich Wasser durch nichts aufhalten lässt – egal wie groß die Hindernisse auch sein mögen.

➔ Eine Musterformulierung finden Sie auf Seite 181.

## Den „inneren Richter" stoppen

Im Laufe unseres Lebens erleben wir selbst und unsere Mitwelt uns nicht aus-schließlich positiv. Als Reaktionen auf unser Wirken und unser Sosein vermitteln uns andere manchmal, dass wir unzulänglich oder schlecht sind. Aber nicht nur das, sondern auch unsere eigenen inneren Dialoge können dazu führen, uns selbst abzukanzeln und uns minderwertig zu fühlen. Da es uns mit diesen Gefühlen nicht gut geht und wir nicht immer die Möglichkeit haben, sie positiv für uns zu verarbei-ten, setzen sie sich häufig als unbemerkte oder halb bewusste Komplexe in uns fest. Diese Komplexe können sich im Laufe eines Lebens massiv anreichern und wir sind uns dessen in der Regel nicht bewusst.

Im Laufe einer Imagination können solche Komplexe, die ich hier „den inneren Richter" nennen möchte, in Form von bedrohlich erscheinenden Gestalten oder Situationen auftauchen. Normalerweise stärkt es uns, wenn wir uns diesen Bildern stellen, sie anschauen und in der Imagination kreativ werden, um mit ihnen umzu-gehen oder sie sogar zu bewältigen. Es kann aber auch geschehen, dass dieser innere Zensor die Szenerie so sehr beherrscht, dass er unser Vorstellungsvermögen dafür missbraucht, unseren Selbstwert erst recht zu untergraben.

Hier gilt ebenfalls das, was ich bereits bei den versiegenden Bildern sagte: Direkt eingreifen können Sie als Anleitende auch hier nur während einer *interaktiven* Ima-gination. Wenn Sie während des Sitzungsverlaufs das Gefühl haben, dass der innere Richter zu einer Hochform aufläuft, die den gesunden, hilfreichen Dialog zwischen dem Ich des Klienten und seinen inneren Bildern untergräbt, sollten Sie diese Bilder stoppen. Denn alles andere wäre nicht nur kontraproduktiv, sondern könnte sogar schädlich sein. Indem Sie in die laufende Vorstellung des Klienten mit einem lauten „Stopp!" eingreifen, lernt dieser, dass auch er selbst die Möglichkeit hat, negative Gedanken über sich zu stoppen, wenn sie ihm im Alltag auffallen. Das Bemerken und Stoppen sind die ersten Schritte, um den Teufelskreis der Selbstentwertung zu durchbrechen.

Der Gedanke, mitten in den Bilderfluss eines Menschen mit einem „Stopp!" einzu-greifen, wirkt zunächst vielleicht befremdlich. Aber tun Sie bitte genau das.

Der Verhaltenstherapeut Joseph R. Cautela hat die *Triade der Selbstkontrolle*[19] entwi-ckelt, in der das „Stopp" eine elementare Rolle spielt.

---

19   Die „Triade der Selbstkontrolle" von Cautela ist Teil einer übergreifenden *Kognitiven Verhaltenstherapie,* in der es darum geht, durch eine bewusste Einflussnahme auf unsere Gedanken und Bewertungsmuster positiven Einfluss auf unsere Gefühle und unser Verhalten zu nehmen.

*Erster Schritt:*
Sobald selbstzerstörerische Dialoge bemerkt werden, laut oder in Gedanken „Stopp!" sagen.

*Zweiter Schritt:*
Entspannen durch tiefes, ruhiges Atmen.

*Dritter Schritt:*
Sich eine angenehme hilfreichere Situation visualisieren.

Unterbrechen Sie also die wenig konstruktiven Bilder Ihrer Klientin mit einem „Stopp!" und fragen Sie behutsam: „Wer ist es, der gerade so negativ über dich spricht? Wer irritiert dich so? Schau dir das einmal genau an."

Führen Sie die Klientin dann einfühlsam weiter durch ihre inneren Bilder. Wenn Sie den Zeitpunkt für richtig halten, lassen Sie die Klientin sich entspannen und geben Sie ein paar positive Vorstellungsbilder vor oder lassen Sie sie ihren eigenen inneren Kraftort erschaffen (bzw. aufsuchen, wenn er bereits einmal erschaffen wurde; das können Sie an dieser Stelle ruhig erfragen), den sie immer aufsuchen kann, wenn sie Abstand, Schutz und Ruhe haben möchte.

Natürlich sollten Sie der Klientin im Anschluss an die Übung die Möglichkeit geben, über das Erlebte zu reden, um die Geschehnisse für sich verarbeiten zu können.

Wie Sie sehen, kann Ihre Geschicklichkeit in der Anleitung einer imaginativen Übung Vorbildcharakter für Ihre Klienten im Umgang mit negativen Gedanken oder unheilsamem Verhalten im Alltag haben.

Die *Gedankenstopptechnik* wird im Allgemeinen benutzt, um mehr Kontrolle über wiederkehrende grüblerische Gedanken oder Ängste zu erlangen, um dem Kontraproduktiven, das wir im Stillen von uns glauben, nicht noch weiteres „Futter" zu geben.

## Bewältigungsstrategien für bedrohlich erlebte Inhalte

> „Immer ist es so, dass das Leben nach Ganzheit strebt;
> leben wir diese Ganzheit nicht, begegnet uns das,
> was uns fehlt, in der Außenwelt."
> – *Howard Sasportas*, Astrologe

Diese Ausführungen beziehen sich wieder auf die *interaktive* Variante der Imaginationen. Sie ermöglicht uns Einflussnahmen in den Bilderprozess des Klienten und damit auch auf von ihm als bedrohlich erlebte innere Bilder. Denn tauchen beunruhigende Sequenzen auf, trickst unser Unterbewusstsein das Bewusstsein im Bedarfsfall locker aus. Es lässt zum Beispiel unangenehme Bilder einfach blass werden oder sogar ganz verschwinden. Ein anderer Trick aus der Zauberkiste ist, dass diese Bilder einfach durch schöne, entspannende Bilder ersetzt werden – ohne dass man sich nur ansatzweise mit ihnen konfrontieren musste. Oder man findet plötzlich keine Worte mehr, das Geschaute auszudrücken. Das ist so, als wenn Sie wie ferngesteuert Eisessen gehen, anstatt sich Ihrer längst überfälligen Steuererklärung zu widmen. Wir wissen zwar, dass der Ärger auf dem Fuße folgt, ziehen aber die sich am Horizont abzeichnende Katastrophe der momentanen unangenehmen Situation vor.

### Zum Helden werden: „Mut zur Angst" entwickeln

Die imaginativ erlebte Bedrohung kann von Menschen, Tieren oder Gestalten ausgehen, die wir als mächtiger als uns selbst erleben und uns ihnen daher ausgeliefert fühlen. Diese Erscheinungen haben jedoch keine eigenständige Existenz. Sie sind Anteile unserer selbst, Seiten unseres Wesens, die mit uns leben möchten, die wir aber aus irgendeinem Grund nicht mitleben lassen. Es sollte also nicht darum gehen, ihnen auf eine bestimmte Weise auszuweichen oder sie zu ignorieren. Besser ist es, sich mit diesen entfremdeten Anteilen auseinanderzusetzen und sie zu integrieren. Wir sollten den gegensätzlichen Seiten in unserem Wesen ermöglichen, miteinander in einen Dialog zu treten. Manchmal ist es deshalb nötig, Gestalten eine Zeit lang in ihrer furchterregenden Qualität zu erleben. Sie sollten sich ausfantasieren, darstellen und aussprechen dürfen. Keinesfalls sollten imaginative Übungen dazu missbraucht werden, solch eine Erscheinung ungeprüft zur *Persona non grata* zu erklären oder die Dialoge zwischen ihr und unserem Bewusstsein mittels unseres Eingreifens allzu schnell in eine vermeintliche Harmonie zu überführen. Gestatten wir ihnen, sich zu zeigen und auszuagieren, verlieren sie ganz von selbst ihre Bedrohlichkeit.

> „Nichts ist so erfrischend
> wie ein beherzter Sprung über die Grenzen."
> – Keith Harding

Grundsätzlich geht es in den Übungen wie im richtigen Leben darum, sich den Dingen zu stellen, die uns Angst machen, um durch deren Überwindung stärker und klarer zu werden. Allerdings muss dabei immer die Verhältnismäßigkeit gewahrt bleiben. Wenn ich im realen Leben von einem Gewalttäter bedroht werde, ist es sicherlich sinnvoller, die Beine in die Hand zu nehmen, als mir die Situation anzuschauen und sie zu analysieren. Das ist bei den Imaginationen nicht anders. Es bedeutet, dass auch hier die jeweils sinnvollste Strategie verfolgt werden sollte. Wenn also ängstigende Situationen auftauchen, sollte zuerst versucht werden, sich ihnen zu stellen. Erst wenn deutlich wird, dass diese Strategie sich als nicht praktikabel erweist, gibt es verschiedene andere Möglichkeiten.

## Sprechen Sie das Gute an

Ein Mensch kann noch so garstig sein: Wenn wir geduldig und mitfühlend mit ihm sind und freundlich auf ihn zugehen, wird er eher geneigt sein, uns eine freundlichere Seite von sich selbst zu zeigen, als wenn wir grob mit ihm umgehen. Wieder finden wir eine Analogie dazu in unserer Bilderwelt. Vorausgesetzt wir glauben, dass in (fast) jedem Menschen, Tier oder Wesen ein guter Kern steckt, können Sie auch hier versuchen, in angstmachenden Wesen das Gute anzusprechen. In Märchen funktioniert diese Strategie erstaunlich oft, und da wir uns in der Imagination ebenfalls in der symbolhaften Bilderwelt bewegen, ist es hier natürlich nicht anders.

Dennoch sollte man nicht so naiv sein zu glauben, dass einem im Grunde nie jemand ans Leder wollte ... auch bei dieser Strategie ist eine gewisse Wachsamkeit vonnöten.

## Ausbildung zum Drachentöter

Kampf- und Fluchtmechanismen sind evolutionär in uns Menschen angelegt. Aber nicht immer flüchtet der Held vor dem Drachen. Manchmal stellt er sich ihm und tötet ihn. Auch das ist eine Möglichkeit, die in bedrohlichen Situationen erwogen werden kann. Dafür sollte der Klient aber gut gerüstet sein – und das ist er, wenn er schon einige Erfahrung im Drachentöten hat ... oder einen vertrauenspendenden Anleitenden an seiner Seite weiß.

## Nix wie weg hier

„Wenn es um das innere Erleben geht, um das Allerpersönlichste,
dann wird es den meisten Menschen unheimlich
und viele laufen davon.
Das Risiko des inneren Erlebens, das geistige Abenteuer
ist den meisten Menschen fremd.
Sie werden alles tun, wie unsinnig es auch sei,
um zu vermeiden, ihrer eigenen Seele gegenüberzutreten."
– C.G. Jung

Der Mensch ist ein Fluchttier. Kann oder will er nicht kämpfen, bleibt ihm immer noch die Möglichkeit, sich „vom Acker zu machen". Manchmal kann das durchaus eine gute Idee sein, wenn vorangegangene Maßnahmen, mit dem Bedrohlichen fertig zu werden, nicht funktioniert haben. Die Flucht besteht für Angeleitete nicht selten darin, dass sie einfach die Augen aufschlagen und ins Wachbewusstsein zurückkehren. Wenn Sie merken, dass jemand mit der Bewältigung möglicher Ängste in der Imagination nicht klarkommt, können Sie sich mit entsprechenden Formulierungen zum Fluchthelfer machen: „Lasse die Bilder der Situation, in der du jetzt bist, allmählich verblassen, atme tief durch und kehre mit deinem Bewusstsein in den Raum zurück, in dem du jetzt bist. Wenn du bereit bist, kannst du deine Augen öffnen."

### Gebrauch von magischen Gegenständen

Nicht selten taucht einem Angeleiteten während der Imagination ein Zauberstab auf, eine Tarnkappe, Siebenmeilenstiefel oder vergleichbares Zauberwerk. Man muss dazu nicht Harry Potter gelesen haben. Solche Bilder scheinen ebenfalls archetypischer Natur zu sein. Derartige Gegenstände symbolisieren die Hoffnung, dass wir mit unseren Wünschen die Welt verändern können, dass es immer noch magische Lösungen gibt, die wir hervorbringen können, indem wir nur fest genug an sie glauben.

Im Grunde genommen ist die Verwendung dieser Wunderwaffen auch eine Flucht. Wenn Sie diese Strategie als *Anleitende* einsetzen, sollten Sie darauf achten, dass Sie die Auseinandersetzung Ihres Klienten mit seiner bedrohlichen Situation nicht vorschnell unterbinden.

Anders sieht die Lage aus, wenn einem Klienten solch ein Gegenstand erscheint. Dann ist es sein Bild, das – wie alle anderen – einbezogen werden sollte.

## 4.9 Abschließen einer Imagination

Irgendwann muss auch die spannendste imaginative Übung beendet werden. Die Frage ist: wann und wie.

Manchmal steigt der Angeleitete selbst aus, indem er den Bilderfluss abbricht oder keine neuen Bilder mehr auftauchen. Er möchte dann lieber im Wachbewusstsein über das Erlebte reden. Das ist in Ordnung.

Einige Anleitende meinen, dass man erst dann mit der Übung aufhören sollte, wenn das entsprechende Problem eines Klienten gelöst ist. Ich sehe das anders. Die Konfrontation mit den inneren Bildern sorgt für sich genommen bereits für ein hohes Maß an „Aha-Erlebnissen" und Erkenntnissen. Die Bilder setzen eine innere Auseinandersetzung in Gang, die sehr heilsam sein kann.

Wer einmal eine geführte oder aktive Imagination erlebt hat, meint, dass sich die erlebten Gefühle beim nächsten Mal wiederholen. In der Regel ist das jedoch nicht der Fall. Das Anschauen der Bilder für sich genommen scheint also bereits viel an Verarbeitungsprozessen in Gang zu setzen. – Außerdem hat dieser Sachverhalt vermutlich auch etwas mit Zeitqualität zu tun, nach dem Motto, dass jedes Ding seine Stunde hat – und das gilt auch für besondere Erlebnisse im Rahmen einer Imagination.

Um wieder vollständig ins Wachbewusstsein zurückzukommen, bewährt es sich, Bewegungen des Körpers anzuregen.

### Ausdrucksmöglichkeit

Bilder, die durch unser Bewusstsein ziehen, haben eine flüchtige Natur: Sie kommen und gehen. Deshalb ist es wichtig, sie in irgendeiner Form festzuhalten, damit sie sich dem Bewusstsein nicht wieder entziehen. Sie bekommen unter anderem dadurch Gestalt, dass das Erlebte in Worte gefasst wird. Im nächsten Kapitel werden Sie mehr über die Möglichkeiten der Verarbeitung von Erlebtem, also den Ausdrucksmöglichkeiten erfahren.

## 4.10 Tipps für die praktische Arbeit

### Körperhaltung

Geführte Imaginationen können im Sitzen oder im Liegen durchgeführt werden. Während bei Fantasiereisen, die in der Regel im Liegen durchgeführt werden, die Neigung zum Einschlafen besteht, ist dies bei interaktiven Imaginationen kaum zu erwarten – hier ist die liegende Position sogar ein Vorteil, weil der Körper beim Liegen automatisch auf Entspannung umschaltet.

Die Augen sollten möglichst geschlossen sein. Wem das unangenehm ist, der kann die Augen auch offen lassen und sollte dann blicklos einen bestimmten Punkt im Raum fixieren. Das nennt man auch die Augen *defokussieren*.

### Bilderleben

Die meisten Menschen glauben, dass nur plastisch erlebte und intensive Bilder wirksam seien. Das ist jedoch nicht richtig: Blasse oder undeutlich erlebte Bilder können die gleiche Tiefenwirkung haben. Übrigens verfügen etwa nur ein Drittel der Menschen über eine ausgeprägte visuelle Begabung.

Machen Sie das Ihren Angeleiteten vorher klar, damit während der Übung keine Selbstzweifel aufkommen. Wenn deutlich wird, dass Sie auf die Entstehung von Bildern fixiert sind, könnte das einen Leistungsdruck auf Ihr Gegenüber ausüben oder sogar Widerstände aufbauen. Weisen Sie darauf hin, dass es im Wesentlichen um den Grad der Achtsamkeit in diesem Prozess geht, um eine vertiefte Wahrnehmung der Emotionen und darum, dass die Fähigkeit zur Introspektion gefördert werden soll.

### Nicht werten

Wichtig ist, den Klienten darauf hinzuweisen, dass er keine Wertungen der Bilder oder seiner selbst vornehmen soll, denn das würde sich eher störend auswirken.

### Ängstigende Erlebnisse in einer Gruppensituation

Wie Sie bereits erfahren haben, kann man relativ leicht intervenieren, wenn man Imaginationen in Einzelsitzungen interaktiv durchführt. Wesentlich schwieriger ist es, wenn Sie keine Klarheit über das haben, was in einer Person vor sich geht, oder wenn Sie sogar eine ganze Gruppe haben, bei der Sie nicht auf problematische Situationen eines einzelnen Teilnehmers eingehen können. Sollte sich abzeichnen, dass eine Person ein Problem hat, das sie alleine nicht lösen kann, müssen Sie im Zweifelsfall die Übung (für alle) gekonnt, aber zügig (für alle) beenden.

## Interventionen

Intervenieren bedeutet, steuernd oder regulierend in ein Geschehen einzugreifen – bei interaktiven Imaginationen haben Sie die Möglichkeit dazu. Das Stoppen, das ich zuvor bereits beschrieben habe, ist eine Intervention. Es gibt unzählige Möglichkeiten, in den Bilderfluss einzugreifen – mehr als hier beschrieben werden können. Zudem kann man, da es sich um individuelle Prozesse handelt, die uns in den Übungen begegnen, keine Patentrezepte erstellen. Je öfter Sie als Anleitende vom Unterbewusstsein einer Klientin „ausgetrickst" wurden, umso größer wird Ihr eigener Erfahrungsschatz, Ihre eigene „Trick-Kiste".

Übrigens finden Sie eine Menge kreativer Ideen zum Umgang mit herausfordernden Situationen und entsprechenden Interventionen in Märchen – zum Beispiel in denen der Gebrüder Grimm. Hier geht es immer wieder um Heldinnen und Helden, die sich mit bösen Stiefmüttern, boshaften Rumpelstilzchen, verfressenen Wölfen oder Dämonen auseinanderzusetzen haben und meistens sind sie darin sehr erfinderisch (erfolgreich übrigens auch). Die Grenzen der Ideen für Interventionen sind dort, wo Sie die Grenzen Ihrer Fantasie finden.

## Das Erlebte festhalten

Das Verarbeiten des Erlebten ist von großer Wichtigkeit, wie Sie in Kapitel 5 bei den Anleitungs-Phasen noch sehen werden.

Wenn Sie mit einer Einzelperson arbeiten, können Sie die Sitzung aufnehmen und sie der Klientin auf einem Tonträger mitgeben.

Ich habe nicht nur mit meinen Klienten, sondern auch selbst die Erfahrung gemacht, dass man sich hinterher oft an bestimmte wichtige Sachverhalte nicht mehr erinnern kann. Das kommt immer wieder vor – es ist ja auch eine Menge an Erkenntnis-Input und emotionaler Berührtheit, mit der die Betroffenen in der Sitzung überschwemmt werden können.

Außerdem kann man sich die Sitzung mit innerem Abstand noch einmal anhören, was die Verarbeitung ungemein anregt.

Empfehlen Sie Ihren Klienten das Tagebuchschreiben, um „Schlüssel-Erlebnisse" (auch die aus einer Sitzung) festzuhalten. Von Zeit zu Zeit kann ein Blick in die Aufzeichnungen hilfreich sein, zum Beispiel wenn man meint, mit seiner inneren Entwicklung auf der Stelle zu treten. Nicht selten wird einem klar, wo man einmal gestanden hat, was man bereits hinter sich gelassen hat und dass man sich doch weiter entwickelt hat, als man dachte.

## Gruppengröße

Arbeiten Sie in Gruppen mit maximal sechs Personen. Nur so ist gewährleistet, dass im Anschluss an die Imagination jeder Teilnehmer genügend Zeit hat, seine Erlebnisse und Gedanken mitzuteilen.

## Zeitlicher Rahmen

Planen Sie den zeitlichen Rahmen großzügig. Es kommt bei geführten Meditationen immer wieder einmal zu starker emotionaler Betroffenheit, die nicht selten in Tränen „abregnet". Auch wenn man den Gruppenprozess gekonnt steuert, brauchen solche Vorfälle manchmal mehr Zeit als gedacht.

# 4.11 Verständnisüberprüfung

1. **Wozu dienen Imaginationen?**

   _____

   _____

   _____

   _____

   _____

2. **Warum oder wodurch erleichtert uns das Wachträumen die Auseinandersetzung mit dem, was wir im Leben als problematisch empfinden?**

   _____

   _____

   _____

   _____

   _____

3. **Was geschieht mit unserem Gehirn, wenn wir öfter imaginieren?**

   _____

   _____

   _____

   _____

4. **Was sagen unsere inneren Bilder über uns aus?**

   _____

   _____

   _____

   _____

   _____

5. **Nennen Sie vier Beispiele für positive Auswirkungen regelmäßigen Imaginierens auf unser Leben.**

_____

_____

_____

_____

_____

6. **Beschreiben Sie in einem Satz präzise, was ein Symbol ist.**

_____

_____

_____

7. **Warum ist es so schwierig, Symbole zu deuten?**

_____

_____

_____

8. **Wodurch können Wachtraumprozesse angeregt werden? Nennen Sie mindestens drei Beispiele.**

_____

_____

_____

_____

9. **Erklären Sie in einem Satz, was eine Intervention ist.**

_____

_____

_____

10. **Was verstehen wir unter dem „inneren Begleiter"?**

_____

_____

_____

_____

_____

11. **Wen oder was bezeichnen wir als den „inneren Richter"?**

_____

_____

_____

12. **Haben die Erscheinungen von Engeln, Geistwesen und Ähnlichem während der Imagination eine eigenständige Existenz?**

   ○  Ja                ○  Nein                ○  Das ist nicht bekannt

13. **Benennen Sie die drei Schritte der „Triade der Selbstkontrolle".**

_____

_____

_____

14. Wieso ist es wichtig, Bilder anzuschauen und mit ihnen zu arbeiten, anstatt ihnen auszuweichen?

_____

_____

_____

15. Was verbirgt sich in der Regel hinter bedrohlichen Erscheinungen, die während der Imagination auftauchen können?

_____

_____

_____

16. Was ist mit „Mut zur Angst" gemeint?

_____

_____

_____

17. Warum sollten Sie beim Anleiten vom Einsatz „magischer Gegenstände" Abstand nehmen?

_____

_____

_____

18. Warum kann es hilfreich sein, wenn Sie für die Zeit der Anleitung vorübergehend in die Rolle einer Mutter- oder Vaterfigur schlüpfen?

_____

_____

_____

_____

# 5. Die fünf Phasen des Anleitens

In diesem Kapitel lernen Sie die fünf Phasen des Anleitens kennen, damit Sie die Geführte Meditation vom Anfang bis zum Schluss professionell durchführen können. Zum Abschluss dieser Ausführungen runde ich Ihre neuen Erkenntnisse mit Insider-Tipps aus meiner langjährigen Erfahrung als Dozentin, Kurs- und Seminarleiterin ab.

Beim Anleiten einer Übung, die Menschen in die Stille ihrer eigenen Mitte führt, sollte es nicht zugehen wie auf einem Kindergeburtstag. Eine gelungene Geführte Meditation folgt verschiedenen (für die Teilnehmer unsichtbaren) Regeln, die ihnen Orientierung und Sicherheit geben. Und nur wenn Sie das als Leiterin gewährleisten können, lassen sich die Angeleiteten wirklich auf die Übung ein und haben hinterher das Gefühl, gut und kompetent aufgehoben gewesen zu sein.

Die fünf Phasen sind:
1. Vorbereitung | Orientierung
2. Induktion
3. Hauptteil (Geschichte bzw. Imagination)
4. Rückholphase
5. Verarbeiten des Erlebten

## 5.1  Phase 1: Vorbereitung | Orientierung

Erwachsene, aber auch ältere Kinder und Jugendliche betrachten sich als mündig und möchten gerne informiert werden und das Gefühl der Entscheidungsfreiheit haben, sich auf das einzulassen, was wir mit ihnen vorhaben.

**Goldene Regel:**
**So wenig Informationen wie möglich und so viel wie nötig.**

Es ist eine hohe Kunst, das, was man tut, in möglichst wenigen Worten wiederzugeben. Sie haben es vielleicht schon einmal erlebt, wie unprofessionell es klingt, wenn Sie jemanden nach der Methode fragen, mit der er arbeitet, und Sie anschließend mit einem verwirrenden Schwall von Worten überschüttet werden, an dessen Ende Sie immer noch nicht wissen, worum es eigentlich geht. Oder: Sie besuchen einen Entspannungskurs und möchten vor allem eins: entspannen. Dann bekommen Sie zunächst in epischer Breite die Lebens- und Leidensgeschichte und den kompletten Ausbildungsverlauf der Seminarleiterin serviert. Und während Sie langsam unruhig werden, doziert sie anschließend noch lang und breit über die gleich folgende Übung, bevor sie endlich mit der Durchführung beginnt. Hat die Übung endlich begonnen, dann schweifen Ihre Gedanken ständig zu der Frage, wie lange das Ganze wohl dauern wird – weil die Seminarleiterin es versäumt hat, vorab den zeitlichen Rahmen bekannt zu geben.

Sie werden im Folgenden lernen, wie Sie die Bedürfnisse Ihrer Teilnehmerinnen nach Orientierung und Sicherheit fachkompetent und präzise erfüllen. – Bevor Sie jedoch mit der eigentlichen Anleitung beginnen, sollten diese Punkte abgehandelt werden:
- kurzes Vorstellen der eigenen Person;
- persönliche Anrede klären;
- Erfragen von gesundheitlichen Beeinträchtigungen;
- kurze Beschreibung der folgenden Übung;
- Einverständnis zur Durchführung erfragen;
- Lageveränderung ermöglichen;
- Ausstiegsofferte geben;
- zeitliche Orientierung geben;
- Frage nach Fragen stellen.

Die Formulierungsvorschläge können Sie nach Belieben Ihrer persönlichen Situation anpassen.

## Kurzes Vorstellen der eigenen Person

Damit sich die Teilnehmerinnen willkommen fühlen, empfiehlt es sich, ein paar freundliche, einladende Worte an sie zu richten und sich kurz vorzustellen. Formulierungsvorschlag: *„Guten Tag, schön, dass Sie da sind. Mein Name ist … Ich bin Stressbewältigungs- und Entspannungstherapeutin und in unserem Hause für den Bereich der Stressbewältigungs-Kurse zuständig.“*

## Persönliche Anrede klären

In der deutschen Sprache ist die persönliche Anrede eine heikle Angelegenheit, für die es keine eindeutigen Regeln gibt. Grundsätzlich sollten Sie aber sensibel dafür sein. Wenn Sie Entspannungskurse im Management anleiten, verbietet sich das Duzen von vornherein. Für die meisten Menschen ist das Du auch in fremden Gruppen durchaus in Ordnung. Der Ton macht dabei die Musik und die Frage der freien Wahl. Wenn mich jemand vor die vollendete Tatsache stellt: „Übrigens, bei uns wird geduzt!“, spüre ich sofort einen leichten Hauch von Widerstand in mir aufsteigen. Je nachdem wie sympathisch mir der Seminarleiter ist, verzeihe ich ihm diese Grobheit – oder nicht. – Wenn Sie als Seminarleiterin solche Machtspielchen vermeiden wollen, formulieren Sie das Thema als Frage und holen Sie das Einverständnis der Teilnehmerinnen ein. Formulierungsvorschlag: *„Üblicherweise duzen wir uns in diesen Seminaren hier. Wäre das auch für Sie in Ordnung?“*

Natürlich setzen wir mit dieser Art der Formulierung ein wenig auf Gruppenzwang, aber dennoch habe ich bislang ausnahmslos gute Erfahrungen damit gemacht. Für Menschen ist wesentlich, dass sie ein Gefühl der Wahl haben. Und die haben sie auch, denn sollte jemand die formelle Anrede einfordern, kommen wir dem selbstverständlich (gerne!) nach.

Bei manchen Übungen ist es wirklich unpassend, sie in der Sie-Form anzuleiten. Zum Beispiel im Rahmen einer Fantasiereise, wenn die Teilnehmer tief im eigenen Erleben versunken sind. Hier modifizieren wir den obigen Satz etwas. Formulierungsvorschlag: *„Diese Übung wird im Allgemeinen in der Du-Form angeleitet. Ich würde das gerne beibehalten und werde Sie anschließend wieder siezen. Ist das für Sie in Ordnung?“*

Auch damit gab es bislang keine Probleme.

### Erfragen von gesundheitlichen Beeinträchtigungen

Sie sollten wissen, ob Sie einen Allergiker im Kurs haben, der beim imaginativen Wandern durch eine blühende Sommerwiese möglicherweise einen anaphylaktischen Schock bekommen könnte. Um das zu vermeiden, könnten Sie auf eine andere Fantasiereise ausweichen. Ich persönlich weiß auch gerne, ob ich einen Asthmatiker oder jemanden mit einem Herzschrittmacher dabei habe. In solchen Fällen bin ich gerne innerlich auf mögliche Probleme vorbereitet.

Im Kapitel über die Kontraindikationen werden wir uns ausführlicher mit diesem Thema auseinandersetzen. Formulierungsvorschlag: *„Bevor wir beginnen, muss ich noch wissen: Leidet irgend jemand von Ihnen unter Erkrankungen, seelischen Beeinträchtigungen, Allergien oder Ängsten oder sonst etwas, das ich als Seminarleiterin wissen sollte?"*

Am besten ist es, wenn Sie die Möglichkeit haben, vorab mit jedem Teilnehmer reden zu können, um ihm im Rahmen eines Zweiergespräches diese persönlichen Fragen stellen zu können. Denn eigentlich gehören auch die Fragen nach Medikamenten- und Drogeneinnahmen und Alkoholkonsum dazu. Manche Seminarleiter haben sich dafür eine Checkliste angelegt, andere halten das für übertrieben.

Weder bei dem Gespräch unter vier Augen noch auf die Frage in eine offene Gruppe hinein werden Sie immer die Wahrheit zu hören bekommen. Dennoch ist es professionell, vorher nach gesundheitlichen Beeinträchtigungen zu fragen.

### Kurze Beschreibung der Übung

Kein Mensch mag unliebsame Überraschungen – Ihre Kurs- oder Seminarteilnehmer ebenfalls nicht. Deshalb erklären Sie die Übung, die Sie anleiten möchten. Bedenken Sie dabei, dass kaum jemand darauf steht, sich den berühmten „toten Fisch in die Tasche labern zu lassen". Beschränken Sie sich deshalb bei dieser Beschreibung wieder auf die wirklich essenziellen Informationen. Formulierungsvorschlag: *„In der jetzt folgenden Geführten Meditation versetze ich Sie in einen körperlichen und geistigen Entspannungszustand und lasse Sie in Ihrer Fantasie eine Reise ans Meer machen. Sie werden dort ins warme Wasser eintauchen und einen wunderbaren Schatz finden. Diese Übung hilft Ihnen dabei, einmal völlig abzuschalten und über das Erleben schöner innerer Bilder neue Kraft zu schöpfen."*

### Einverständnis zur Durchführung erfragen

Das hört sich für Sie vielleicht banal an, ist es aber nicht. Es zeigt anderen unsere Umsichtigkeit und unseren Respekt vor ihrem freien Willen. Formulierungsvorschlag: *„Können Sie sich vorstellen, sich darauf einzulassen?"*

## Lageveränderung ermöglichen

Manche Seminarteilnehmer erinnern an Lämmer, die zur Schlachtbank geführt werden: Auch wenn die Übung zwei Stunden dauert und wenn der Rücken beim Liegen noch so schmerzt – die Körperhaltung wird nicht ein Jota breit verändert. Vielleicht hat das mit einer Art sozialisierter Höflichkeit zu tun, dass wir eher ein Überlebenstraining aus der Entspannungsübung machen, als uns zu bewegen. In unseren Kursen im Deutschen Fachzentrum für Stressbewältigung (DFME)[20] machen wir deshalb immer wieder die Erfahrung, dass es elementar wichtig ist, die Erlaubnis zur Veränderung der Körperhaltung zu geben. Auch Husten, Niesen und andere Formen körperakustischen Ausdrucks können explizit erlaubt werden.

Kürzlich erst hatte ich eine Seminarteilnehmerin, die während der Meditation einen knallroten Kopf bekam. Ich war beunruhigt, weil ich nicht wusste, was los ist, und überlegte einen kurzen Moment lang, die Übung abzubrechen. Hinterher erzählte sie mir, dass sie sich das Husten verkniffen hatte, um die anderen nicht zu stören. Auf meine Frage an die übrigen Teilnehmer, ob sie glaubten, dass das Husten sie in der Übung gestört hätte, verneinten alle Anwesenden. Das Unterdrücken hat jedoch einiges an Irritation nach sich gezogen. Formulierungsvorschlag: *„Während der Übung können Sie jederzeit Ihre Körperhaltung verändern, und bitte, fühlen Sie sich frei, Ihre Körpergeräusche zuzulassen – denn das ist menschlich und völlig in Ordnung."*

## Ausstiegsofferte geben

Nicht jede Übung, die wir anleiten, stößt bei jedem Seminarteilnehmer auf Begeisterung. Dafür kann es unzählige Gründe geben. Ich habe beispielsweise einmal vor Jahren in einer – für mich – völlig harmlosen Fantasiereise die Teilnehmer Rosen an Menschen verteilen lassen, die ihnen am Herzen liegen, und habe die Eltern mit einbezogen. Hinterher offenbarte sich, dass die meisten Teilnehmerinnen in solchen massiven Elternproblemen steckten, dass sie diese eigentlich so schöne Fantasiereise eher als Höllentrip empfunden haben. Ich hatte diese Geführte Meditation vorher schon etliche Male ohne Zwischenfälle angeleitet, aber diese Teilnehmerinnen waren daraufhin stark irritiert.

Das ist viele Jahre her, aber ich erinnere mich, dass niemand die Augen geöffnet und sich hingesetzt hätte – also „ausgestiegen" wäre. Dieses Geschehnis hat mir vor Augen geführt, wie wichtig es ist, den Teilnehmerinnen vorab zu sagen, dass sie „aussteigen" dürfen, wenn sie Probleme bekommen. Wenn Sie jetzt allerdings sagen würden: „Falls die Übung Ängste in Ihnen hervorruft oder sie Ihnen Probleme bereitet", schüren Sie damit bereits vorab Panik. Formulierungsvorschlag: *„Wenn*

---

20   Mehr über das DFME auf der Internetpräsenz www.dfme.de

*Ihnen diese Übung nicht behagt, können Sie jederzeit innerlich aussteigen. Ich möchte Sie bitten, in solch einem Fall einfach die Augen zu öffnen und still an Ihrem Platz abzuwarten, bis die anderen fertig sind."*

Sie werden vielleicht bemerkt haben, wie scheinbar beiläufig diese beiden Sätze klingen. Und das soll auch so sein. Alles andere würde die dahinter stehende Brisanz verdeutlichen und ihr zu viel Gewicht verleihen.

### Zeitliche Orientierung geben

Wenn Sie eine Übung anleiten, dann möchten Sie gerne, dass sich der Angeleitete tief darauf einlässt. Ein Grund, der das verhindern könnte, ist eine fehlende zeitliche Orientierung. Es macht durchaus einen Unterschied, ob ich mich zu einer Übung hinlege, die 20 Minuten oder zwei Stunden dauert. Als Menschen sind wir so angelegt, dass wir uns gerne auf das einstellen möchten, was uns erwartet. Fehlt diese Information, besteht die Möglichkeit, dass sich die Teilnehmerin während der ganzen Meditation fragt, wie lange das Ganze noch dauern wird. Ersparen Sie ihr diese Qual und sorgen sie mit einer Zeitangabe für ein wohliges Sich-Fallenlassen. Formulierungsvorschlag: *„Diese Übung dauert zirka 25 Minuten."*

### Frage nach Fragen

Hier kommt noch eine menschliche Eigenschaft: Wir haben eine Frage und trauen uns nicht, sie zu stellen. Falls es Ihnen selbst hier und dort einmal so geht, seien Sie versichert: Das ist bei Ihren Teilnehmerinnen nicht anders. Laden Sie sie deshalb direkt dazu ein, ihre Frage vorzutragen. Formulierungsvorschlag: *„Möchte noch jemand etwas fragen, bevor wir beginnen?"*

→ Eine Musterformulierung des gesamten Einleitungstextes finden Sie auf Seite 158.

Formulieren Sie Ihren Text vor und arbeiten Sie ihn hinterher noch mehrmals durch. Streichen Sie dabei jedes Mal überflüssige Worte oder Sätze weg, bis nur noch das wirklich Wissenswerte übrig bleibt. Achten Sie mit Ihrer Wortwahl jedoch darauf, dass der gestraffte Text anschließend weiterhin charismatisch wirkt.

## 5.2 Phase 2: Induktion

Ziel einer Geführten Meditation ist es, Personen in einen anderen Bewusstseins-„Modus" zu versetzen – sie vom Zustand des *Tuns* in einen Zustand des *Seins* zu geleiten. Denn das, was eine Fantasiereise vom einfachen Zuhören einer vorgelesenen Geschichte unterscheidet, ist gerade diese veränderte Wirklichkeit. Um in unseren Teilnehmern solch einen Zustand zu bewirken, müssen wir dafür sorgen, dass sie sich tief entspannen – und dazu dient uns die Induktion. Der Begriff bedeutet *hineinführen*. Mittels eines speziellen Anleitungstextes erzeugen wir eine Trance, das bedeutet, wir reduzieren die Außenwahrnehmung der Teilnehmer so weit, dass die inneren Bilder klarer hervortreten können. Die Angeleiteten bleiben wach, sind zugleich tief entspannt und können sich ganz dem inneren Bilderfluss hingeben. Im Trancezustand ist die Überwachheit abgebaut, die Angeleiteten befinden sich sozusagen in einem Wachzustand mit gelockerter Bewusstseinskontrolle. Diese Entspannung ist nötig, um die imaginierten Bilder einer Geführten Meditation ich-syntoner, also lebendiger, emotionaler und personenbezogener zu erleben.

Eine Trance kann leicht, mittel oder tief sein – von einem Gefühl entkrampfter Gelassenheit bis zu tiefen hypnoseähnlichen Zuständen ist hier alles möglich. Mit der Art und den Inhalten unserer Induktion haben wir zwar einen wesentlichen Einfluss auf die Trancetiefe, sie hängt jedoch entscheidend von verschiedenen anderen Faktoren ab.

### Suggestibilität einer Person

Es gibt Personen, die „fallen" sozusagen in Trance, während man anderen lange und gut „zureden" muss. Warum das so unterschiedlich ist, könnten uns Psychologen, Verhaltens- und Hirnforscher vermutlich erklären – aber für unsere Zwecke reicht es zu wissen, dass sich nicht jede Person gleich gut in eine Trance hineinführen lässt.

### Grundsituation

Wenn Sie an einem Entspannungskurs teilnehmen, können Sie damit rechnen, dass dort auch eine Geführte Meditation angeleitet wird. Da Sie das erwartet haben, werden Sie geneigt sein, diese Übung mitzumachen. Wenn Sie sich hingegen auf einer beruflichen Fortbildung befinden und Sie sollen sich dort erstmalig in Ihrem Leben auf eine Fantasiereise einlassen, werden Sie das möglicherweise befremdlich finden und innere Widerstände dagegen aufbauen. Die Grundsituation ist dann eine mögliche Ursache, sich nicht in Trance fallen zu lassen.

## Räumliche Situation

Es ist gut vorstellbar, dass man sich in einem gemütlichen, geschützten Raum leichter innerlich fallenlassen kann als auf dem harten, kalten Boden einer zugigen Turnhalle.

## Person des Anleitenden

Wenn einem die anleitende Person sympathisch ist, man sie kennt und Vertrauen zu ihr hat, kann man sich besser auf die Übung einlassen als bei einer wildfremden Person, bei der man noch nicht weiß, ob man bei ihr gut aufgehoben ist.

## Übrige Teilnehmer

Menschen neigen zum „Fremdeln". Wir sind zunächst vorsichtig und zurückhaltend, wenn wir mit anderen Personen zusammentreffen. Diese Ressentiments können dazu beitragen, den Wachzustand weitestmöglich aufrechtzuerhalten.

## Tagesform

Eine aufgeregte Grundgestimmtheit, ein schlechter Tag, ein „Knick in der Biokurve", Schmerzen oder Ähnliches verhindern es, sich leicht zu öffnen.

## Stimmführung des Anleitenden

Unsere Stimme ist ein machtvolles Instrument. Wenn Sie eine leichte oder mittlere Trance erzeugen möchten, dann sollten Sie mit einer klaren, mittellauten, festen Stimme sprechen und damit eine gewisse Konzentration in den Angeleiteten aufrechterhalten.

Möchten Sie jedoch eine tiefe Trance erzeugen, dann werden Sie beim Anleiten immer leiser. Lassen Sie Ihre Stimme einen Klangteppich erzeugen, indem Sie fortlaufend ruhig und eindringlich reden. Geben Sie Ihrer Stimme einen „hypnotischen Klang" – ohne jedoch theatralisch zu werden. Akzentuieren Sie die Worte nicht mehr und „verschwinden" Sie hinter Ihrer Stimme; sie sollte sozusagen nur noch im Raum schweben.

Wenn Sie auf diese Dinge achten, werden Sie im Laufe der Zeit immer geschickter darin, Lautstärke, Dynamik, Akzentuierung, Geschwindigkeit und Eindringlichkeit so zu variieren, dass die Chance wächst, die fokussierte Trancetiefe zu erreichen und bis zum Ende der Übung zu halten. Aber denken Sie daran, dass diese auch von den anderen hier genannten Faktoren abhängt. – Bei den praktischen Arbeitstipps ab Seite 158 kommen wir noch einmal auf die Bedeutung der Stimme zurück.

## Länge der Einleitung

Die Länge der Einleitung spielt ebenfalls eine wichtige Rolle. Wenn Sie eine Person mit fünf Sätzen entspannen wollen, wird sie sich nicht sehr tief fallen lassen (können). – Um eine tiefe Trance zu erreichen, sollte eine Induktion mindestens 20 Minuten dauern – und entsprechend lang wird dann auch der Einleitungstext sein.

## Wortlaut des Einleitungstextes

Selbstverständlich ist es nicht egal, welche Formulierungen wir für die Induktionen verwenden. Bei den Anleitungsbeispielen in diesem Buch werden Sie sehen, dass wir bei tiefen Trancen Wortlaute und Begriffe benutzen, die wir bei leichten Trancen nicht einsetzen.

Achten Sie beim Formulieren einer Induktion (und das gilt im Grunde genommen für jede Texterstellung im Zusammenhang mit Geführten Meditationen) darauf, möglichst grammatikalisch einfache Sätze zu bilden, die leicht nachzuvollziehen sind. Unser Ziel ist es, wirkungsvolle Anleitungen zu schreiben und nicht, den Literatur-Nobelpreis zu erringen.

Vermeiden Sie intellektualisierende Formulierungen, die das Denken anregen: Sowohl zu lange Sätze als auch Darstellungen intellektueller Sachverhalte führen vom inneren Erleben zurück in die äußere Welt der mentalen Denkprozesse. Und das würde genau das Gegenteil dessen bewirken, was wir mit Geführten Meditationen erreichen wollen. Eine Ausnahme bilden tiefe Trancen, wo es weniger darum geht, dass die Angeleiteten dem genauen Wortlaut des Textes folgen sollen, sondern wo die Stimme zum trancevertiefenden Element wird. Hier können Sie quasi alle Sätze wie ein Blätterrauschen im Buchenwald aneinanderreihen und sollten auch keine großen Pausen dazwischen lassen.

➔ Musterformulierungen für eine leichte, mittlere und tiefe Trance finden Sie auf Seite 159.

## 5.3 Phase 3: Hauptteil (die eigentliche Fantasiereise bzw. Imagination)

Dies ist der eigentliche inhaltliche Teil – hier fügen Sie Ihre gewählte Anleitung ein.

→ Beispiele für Formulierungen von Fantasiereisen und Imaginationen finden Sie in Kapitel 9 ab Seite 168.

## 5.4 Phase 4: Zurückholen | Rücknahme

Dieser Punkt ist außerordentlich wichtig. Einfach ausgedrückt, zeigt das Herausführen dem Körper an, dass „die Party jetzt vorbei ist". Dieser Akt sollte keinesfalls unterschätzt werden, denn wenn das Herausführen nicht gründlich erfolgt, kann es in den nächsten Stunden – oder sogar Tagen – zu Benommenheit, Schwindel, Übelkeit oder körperlichem Missempfinden kommen. Das Herausführen legt sozusagen den Schalter um: Die Aufmerksamkeit wird von innen wieder nach außen verlagert.

Eine besondere Rolle beim Herausführen spielt die *Rücknahme* – und das vor allem bei mittleren und tiefen Trancen. Wie Sie bei den Anleitungsbeispielen sehen werden, haben wir in der Tiefenentspannung verschiedene Suggestionen gesetzt: Der Körper wird warm, schwer und schläfrig gemacht, „die Gedanken werden langsam", „die Gedanken sind nicht wichtig", „nichts ist jetzt wichtig" und so weiter. Diese Formulierungen sind durch die Induktion tief ins Unterbewusstsein eingedrungen – und das sollten sie ja auch. Ohne eine Rücknahme bleiben sie dort allerdings für eine Weile. Solche Suggestionen bleiben zwar nicht ein Leben lang aktiv, dazu reicht eine einmalige Einwirkung nicht aus, aber sie können einem Menschen eine Zeit lang das Leben recht ungemütlich machen.

In meiner Hypnoseausbildung hatten wir einmal den Fall einer Person, bei der vergessen wurde, die Suggestion, dass Zeit nicht wichtig ist, zurückzunehmen. Das ist beim Üben zunächst niemandem aufgefallen, bis das Umfeld dieser Person darauf aufmerksam wurde. Die Person berichtete verwundert davon, denn sie selbst konnte keine Verhaltensänderung an sich feststellen. Fakt war jedoch eine plötzliche und alle überraschende offenbare Unzuverlässigkeit, was terminliche Dinge anbelangte. Sogar in der Supervision verteidigte die Person den Sachverhalt mit den Worten: „Zeit ist doch wirklich nicht so wichtig." Nachdem sie sich noch einmal in Trance versetzen und eine korrekte Rücknahme durchführen ließ, war offenbar wieder alles normal. Aber auch das wurde eher vom Umfeld der Betroffenen wahrgenommen als von der betreffenden Person selbst.

Bei einer anderen Probandin hatte offenbar die Rücknahme der Körpersuggestionen – namentlich die Schwere der Beine – nicht ausgereicht. Sie klagte darüber, in der Woche seit dem letzten Übungstag eine unglaubliche Schwere in den Beinen verspürt zu haben. Normalerweise werden Wärme und Schwere auch nicht einzeln wieder zurückgenommen, sondern es wird die allgemeine Formulierung „das normale Körpergefühl kehrt zurück" verwendet. Bei dieser Frau hatte das offensichtlich nicht ausgereicht. Nach einer nochmaligen, intensiveren Rücknahme war alles wieder in Ordnung.

Unterschätzen Sie also keinesfalls die Bedeutung der Rückholphase und der Rücknahme von gesetzten Suggestionen. Sie müssen sich beim Schreiben von Geführten Meditationen sehr darauf konzentrieren. An dieser Stelle wird auch wieder einmal deutlich, wie ungünstig spontan angeleitete, nicht vorbereitete Fantasiereisen sind. Die Gefahr, dass Sie bei der Rücknahme irgendetwas vergessen, ist wirklich groß.

Das Herausführen beziehungsweise die Rücknahme geschieht in der Regel schneller als das Hineinführen. Sollte die Rücknahme jedoch zu abrupt erfolgen, kann dies – selbst bei Erwachsenen – zu Irritationen und zu einem Verlust der Erinnerung an die Erlebnisse während der Fantasiereise führen.

Das Herausführen können wir wieder gut mit unserer Stimmführung unterstützen: Sie sollte sanft ansteigend lauter und dynamischer werden – etwa so wie das Orchesterstück „Boléro" von Maurice Ravel.

Meine Kollegen und ich machen gute Erfahrungen damit, am Ende des Herausführens zu körperlichen, dynamischen Aktionen aufzufordern, um den Kontakt zum Körper wieder herzustellen: „Ihr könnt euch jetzt recken und räkeln, laut gähnen, stöhnen, juchzen, rollen, schaukeln, alles was gut tut ..."

→ **Musterformulierungen für das Herausführen finden Sie ab Seite 182.**

## 5.5 Phase 5: Verarbeiten des Erlebten

"Was Eindruck macht,
braucht Ausdruck."

Innere Prozesse brauchen eine Möglichkeit, ausgedrückt zu werden. Das ist eine Aussage, die vielleicht nicht jeder Mensch unterschreiben kann – aber die meisten Teilnehmer meiner Erfahrung nach schon. Im Allgemeinen ist der Drang nach Ausdruck umso größer, je tiefer die Erfahrung war. Worte für das innere Erleben zu finden hilft dabei, es bewusst zu machen, zu verarbeiten und zu integrieren. Sich mit anderen auszutauschen kann den einen oder anderen Teilnehmer in diesem Prozess unterstützen, indem der Fokus auf Elemente gelenkt wird, die ihm selbst möglicherweise entgangen waren. Normalerweise reicht es aus, darüber zu reden.

Falls die Verarbeitungmöglichkeit aufgrund bestimmter Rahmenbedingungen jedoch nicht realisiert werden kann, sollten Sie nach Beendigung der Fantasiereise oder Imagination wenigstens eine Stillephase von einigen Minuten einlegen.

### Aussprache

Ein männlicher Seminarteilnehmer bezeichnete diese 5. Phase mir gegenüber einmal als "Verbal-Exhibitionismus" – womit er seine Einstellung dazu deutlich zum Ausdruck brachte. Offenbar ist es nicht jedermanns Sache, sich vor einer Gruppe zu seinen inneren Erfahrungen und zu seinen Gedanken zu äußern. Dennoch sollte – nach Möglichkeit – die Gelegenheit dazu gegeben werden. Betonen Sie vorher, dass jeder die Freiheit hat, zu reden oder zu schweigen – ganz nach persönlichem Belieben. Stellen Sie auch klar, dass die jeweiligen Äußerungen weder bewertet noch kommentiert werden.

Wenn Sie noch ungeübt mit der Gesprächsführung in Gruppen sind, empfehle ich Ihnen, sich mit der TZI (Themenzentrierte Interaktion nach Ruth Cohn) zu beschäftigen. Die TZI ist ein Modell für eine "saubere" Kommunikation in Gruppen. Ihre Regeln berücksichtigen einige der grundlegendsten menschlichen Bedürfnisse, wie Wahrung der Integrität, respektvoller Umgang oder Anerkennung als die Person, die man ist.

### Gestaltgebender Ausdruck

Bei besonders bewegenden Erlebnissen kann eine "Gestaltgebung" eine Art psychischen "Verdauungsprozess" darstellen. Vor allem für Kinder ist die kreative äußere

Gestaltung innerer Bewegtheit von großer Bedeutung. – Es gibt verschiedene Möglichkeiten, dem erlebten inneren Abenteuer Ausdruck zu verleihen:

⋯⟩ Schreiben

⋯⟩ Malen

⋯⟩ psychodramatisches Rollenspiel

⋯⟩ Formen von Gegenständen aus Knete oder Ton

⋯⟩ Ausdruckstanz

⋯⟩ Instrumente (z.B. Trommeln, Klangschalen)

⋯⟩ Schweigen

## 5.6 Praktische Arbeitstipps zur Durchführung

Es gibt richtig gut angeleitete Geführte Meditationen – und es gibt mittelmäßige und schlechte. Teilnehmer können die fachliche Qualität im Allgemeinen nicht beurteilen, weil ihnen eine entsprechende Ausbildung fehlt. Was sie jedoch sagen können, ist, ob sie die Übung „schön" oder „nicht so toll" fanden. Solch eine Bewertung wird auf der Basis zahlreicher kleiner Details getroffen, die dem Einzelnen oft selbst nicht bewusst sind. Wenn jedes dieser Details im Angeleiteten Wohlbefinden erzeugt hat und sie auch noch harmonisch zusammengewirkt haben, können Sie auf eine „Bestnote" hoffen. Das ist ähnlich einem Orchester, wo der Klang eines einzelnen Instrumentes für sich genommen kein Symphoniekonzert ausmacht. Die großartige Musik entsteht erst im Zusammenwirken aller Elemente.

Einige der „Instrumente" unseres Fachbereiches haben Sie bereits kennengelernt und im Folgenden werden Sie weitere kennenlernen, die im Zusammenspiel den großartigen „Klang" Ihrer Anleitungen ausmachen und dafür sorgen, dass Ihre Fantasiereisen und Imaginationen zu tief greifenden, positiven Erfahrungen für Ihre Teilnehmer werden.

### Ablesen oder frei anleiten

Kommen wir gleich zu Beginn zur Gretchenfrage, die immer wieder auftaucht und die Gemüter erhitzt – freuen sich doch viele Seminarleiterinnen, im Rahmen angeleiteter Fantasiereisen ihrer Kreativität endlich einmal so richtig freien Lauf lassen zu können. Ich persönlich bin von dieser Art der Kreativitätsentfaltung nur mäßig begeistert. Aus Erfahrung. Wir sprachen bereits über die zahllosen Möglichkeiten von Fehltritten bei Formulierungen. Wenn wir reden, „wie uns der Schnabel gewachsen ist", sind Fehlformulierungen vorprogrammiert. Außerdem erfordert diese Art der Anleitung ein extrem hohes Maß an Konzentration. Diese Konzentration sollten Sie besser auf die Gesamtsituation verwenden und darauf, die einzelnen Teilnehmer im Auge zu behalten, damit Sie mitbekommen, wenn jemand ein Problem hat.

Ein Argument der freien Vortragsredner ist der Vorteil, flexibel auf Situationen eingehen zu können. Was immer auch damit gemeint sein mag: Eine vorbereitete Geschichte abzulesen bedeutet nicht, unflexibel zu sein. Das Ablesen lässt Ihnen trotzdem die Freiheit, spontan einzelne Formulierungen zu ändern, wegzulassen oder hinzuzufügen.

In der Praxis hat sich auch gezeigt, dass Seminarleiter völlig aus dem Konzept gerieten, als sie bemerkten, dass ihnen in der Anleitung ein grober Fehler unterlaufen war.

Wenn Sie einmal erfahren haben, wie schwierig es ist, eine wirklich gute Geführte Meditation zu schreiben, werden Sie sich vermutlich künftig vor Stegreifanleitungen hüten.

## Körperhaltungen

Grundsätzlich kann eine Geführte Meditation in jeder Körperhaltung angehört werden. Das Liegen auf dem Rücken rangiert in der Beliebtheitsskala allerdings ganz oben – stellt sich doch konditionierterweise gleich beim Hinlegen die Assoziation von Entspannung ein. Was einerseits das Loslassen fördert, kann andererseits zum Nachteil gereichen, denn die Neigung zum Einschlafen wird durch diese Haltung gefördert.

Kinder bevorzugen häufig die Embryonalstellung und wechseln gern auch öfter mal die Haltung. Diese Möglichkeit sollte ihnen deshalb eingeräumt werden.

Tipp: Diejenigen, die schnell eindämmern, sollten die Übungen besser im Sitzen durchführen.

## Geschlossene oder offene Augen

Wir empfehlen, die Augen möglichst geschlossen zu halten, um sich mehr auf die inneren Bilder einlassen zu können. Es gibt jedoch Menschen, die mit offenen Augen „träumen" können. Wer in Meditation geübt ist, für den ist das ohnehin kein Problem: Er kann die Augen offen lassen, denn er *defokussiert* sie, das bedeutet, er schaut „blicklos" ins Leere.

In den Yogalehren wird empfohlen, die Augen zu schließen und den inneren Blick auf das Dritte Auge (den Punkt zwischen den Augenbrauen) zu fokussieren. Letztendlich sollte jeder Teilnehmer herausfinden, was für ihn persönlich am besten funktioniert.

## Die räumliche Situation

Es ist vermutlich unnötig zu erklären, dass Menschen sich in gemütlichen, behaglichen, geschützten Räumen besser „fallen lassen" können, als wenn die Übung in einer zugigen Turnhalle durchgeführt wird. Die Raumsituation kann durch kleine Veränderungen „verzaubert" werden: Tücher, Kerzen, Klangschale, Blumen, Heiligenbildchen, Naturgegenstände wie Kristalle, Blätter oder Früchte – vielleicht auch ein symbolischer Bezug zu einem bestimmten Thema. Besonders Kinder sind sehr empfänglich für solche Gestaltungsideen.

Natürlich muss die Verhältnismäßigkeit gewahrt bleiben: Für eine kurze Stilleübung in einer Schulklasse muss nicht gleich der gesamte Raum umarrangiert werden.

Sorgen Sie dafür, dass Störungen so weit wie möglich ausgeschlossen werden. Wir leben in Deutschland im 21. Jahrhundert – Störungen sind da vermutlich nie ganz auszuschließen.

Zu Beginn meiner Seminarleitertätigkeit war ich lange Zeit dem Zwang der „perfekten" Raumsituation erlegen. Erst als ich gelernt hatte, die Dinge so zu akzeptieren, wie sie sind, habe ich mich entspannt. Dennoch kann eine mögliche Vorsorge getroffen werden. Dazu gehört auch, Handys, Telefone und Türklingeln abzuschalten. Es hat sich bewährt, ein Schild „Bitte nicht stören – Meditation" draußen an der Tür zu befestigen. Nicht immer hilft das. Als meine Kinder noch klein waren, haben sie dieses Schild konsequent ignoriert. Auch im Rahmen eines Stilleprojekts an einer Grundschule haben wir die Erfahrung gemacht, dass Lehrerkollegen und Schulleiter keine Skrupel hatten, solch ein Schild als für sie nicht gültig zu klassifizieren und den Raum dennoch zu betreten, um etwas mit der Klassenlehrerin zu besprechen. Aber nicht jeder hat so rüde Manieren. Manchmal hilft es, und alleine deshalb ist es den Versuch wert.

## Die Stimmführung

> „Der Anleitende sollte ungefähr so auffällig sein wie ein Kartoffelkeim."
> – Bernhard Eichholtz

Der Stimme und dem Ton kommt in der Anleitung eine wesentliche Bedeutung zu. Meistens werden Sie bei den Anleitungen sitzen. Setzen Sie sich möglichst so hin, dass Ihr Bauch nicht eingeengt ist. Positionieren Sie sich beim Sitzen auf einem Stuhl oder einem Meditationskissen auf dem vorderen Drittel und stellen oder legen Sie die Beine so weit auseinander, dass Po und Beine ein stabiles Dreieck bilden. So können Sie tief atmen und die Stimme „aus dem Bauch holen" statt aus der Kehle.

Falls Sie glauben, die Sitzhaltung wäre egal, empfehle ich Ihnen einen Versuch, um den Unterschied feststellen zu können: Sprechen Sie einen Text aus der Kehle. (Das machen wir meistens, wenn wir aufgeregt sind – dadurch klingt die Stimme höher.) Dann sprechen Sie den Text aus „dem Bauch heraus". Sie werden staunen, denn das hört sich ruhiger, tiefer und geerdeter an.

Manchmal versuchen Seminarleiter aus Unsicherheit, ihrer Stimme krampfhaft eine gewisse Festigkeit und Stärke zu verleihen. Leider klingen die so angeleiteten Übungen dann oft wie auf dem Kasernenhof. Lassen Sie Ihre Anleitungen eher wie *nette Einladungen* klingen.

Achten Sie beim Sprechen auf Folgendes:
···⟩ Sprechen Sie langsam und deutlich.
···⟩ Geben Sie Ihrer Stimme Wohlklang.
···⟩ Intonieren Sie die Vokale, aber übertreiben Sie dabei nicht.

···⟩ Vermeiden Sie starke Mundart.
···⟩ Achten Sie darauf, keine Silben zu verschlucken.

Sie können an Ihrer Stimme arbeiten, indem Sie Ihre Anleitungen aufnehmen und sich das Gesprochene hinterher in Ruhe anhören. Arbeiten Sie dann an möglichen Defiziten. Je öfter Sie das praktizieren, desto angenehmer wird Ihre Stimme.

Die Art der Stimmführung sollte auf die Menschen abgestimmt werden, mit denen Sie zusammenarbeiten. Ich habe schon erlebt, dass eine Seminarleiterin Erwachsene in einem Ton angeleitet hat wie unmündige kleine Kinder.

Übrigens können Sie die Lautstärke Ihrer Stimme während der Übung zunehmend senken, denn Geräusche, Töne und Klänge werden in Trance zirka dreimal so laut gehört wie normal. Man redet davon, dass sie in diesem Zustand *ganzkörperlich* wahrgenommen werden. Zum Herausführen aus der Übung sollte Ihre Stimme dann wieder etwas lauter und dynamischer werden.

### Welche Meditation für welches Alter

Soweit mir bekannt ist, gibt es kein verlässliches Klassifizierungsmodell, das bestimmte Anleitungen für bestimmte Altersgruppen empfiehlt. Es gab immer wieder einmal Autoren, die bemüht waren, ein solches zu erstellen, aber die Rahmenbedingungen und die zu berücksichtigenden Faktoren sind zu vielschichtig, um sie zu kategorisieren. Sie sind also grundsätzlich auf Ihre Erfahrung und Ihr Einfühlungsvermögen angewiesen, um für jede Gruppe, Einzelperson oder Situation die passende Geschichte/Anleitung zu formulieren.

Ich verfüge über eine umfangreiche Sammlung von Geführten Meditationen. Doch wenn ich für einen bestimmten Zweck auf eine von ihnen zurückgreifen möchte, mache ich oft die Erfahrung, dass ich sie doch noch umschreiben muss, um sie anzupassen. Seien Sie darauf vorbereitet, sich auf jede Situation neu einzulassen. Das ist ebenso herausfordernd wie spannend und macht vor allem Freude.

Fragen Sie sich vorher stets, ob Inhalte und Art der Anleitung zu Ihrem Zielpublikum passen. Mit der Stimme kann man hier übrigens einiges ausgleichen. So leiten wir im Deutschen Fachzentrum für Stressbewältigung (DFME) eine bestimmte Körperwahrnehmung, deren Formulierung speziell auf Kinder abgestimmt ist, auch bei Erwachsenen an. Wenn Sie solch eine Gratwanderung allerdings auf der Basis einer etwas infantilen Stimme wagen, sollten Sie hinterher noch vor der Abschlussrunde den Raum verlassen, um einer möglichen Steinigung durch die Teilnehmer zu entgehen ...

Es hat sich als hilfreich erwiesen, immer mehrere Geschichten parat zu haben. Im Kurs oder Seminar habe ich stets einen schmalen Ordner mit meinen Unterlagen dabei. Wenn sich ergeben sollte, dass die geplante Fantasiereise mit der Entspannung im schaukelnden Boot nicht passt, weil ein Teilnehmer Nichtschwimmer ist und Angst vor Wasser hat, greife ich flexibel auf eine andere Geschichte zurück.

## Einsatz von Musik

Es gibt verschiedene Methoden, bei denen Musik nur in begründeten Ausnahmefällen zum Einsatz kommen sollte – zum Beispiel, um lästige Nebengeräusche in den Hintergrund rücken zu lassen. Das sind vor allem die Progressive Muskelentspannung, das Autogene Training und das Stille Sitzen (Zazen, Vipassana).

Nicht jeder mag angeleitete Meditationen mit Musik. Manch einer fühlt sich gestört und abgelenkt. Allerdings sollten die Vorlieben und Abneigungen einzelner Seminarteilnehmer nicht das primäre Kriterium sein, nach dem wir uns richten. Sie müssen wissen, was Sie mit der Geführten Meditation erreichen wollen, und Ihre Überlegungen und Strategien danach ausrichten.

In den meisten Fällen verstärkt der Einsatz von Musik oder bestimmten Naturgeräuschen das angestrebte Einlassen auf innere Bilder – zum Beispiel Meeresrauschen beim Spaziergang am Meer. Entweder lassen Sie die Klänge die ganze Zeit über im Hintergrund mitlaufen oder Sie blenden sie nur zum Anfang und zum Ende der Fantasiereise ein.

### *Evokative Musik*[21]

Bestimmt haben Sie selbst schon einmal bemerkt, wie das Hören von Musik die Stimmung verändern kann. Und Sie haben sicherlich auch festgestellt, dass dies nicht bei jeder Musik der Fall ist. Die Eigenschaft von Musik, Stimmungen zu erzeugen, können wir uns auch bei unseren Fantasiereisen zunutze machen. Auf diese Weise erleichtern wir es unseren Teilnehmern, tief in ihre Fantasiewelt einzusinken. Die Musik, die wir zur Vertiefung einer Trance einsetzen, sollte *evokativ* sein. Evokative Musik unterstützt bei der Veränderung von Bewusstsein.

Der amerikanische Arzt und Psychiater Prof. Stanislav Grof, ein Spezialist auf dem Gebiet der pragmatischen Bewusstseinserforschung, hat sich intensiv mit den Auswirkungen evokativer Musik auf das Bewusstsein beschäftigt. Vor Jahrzehnten begann er damit, Bewusstseinsveränderungen unter LSD-Einfluss zu beobachten. Inzwischen leitet er veränderte Bewusstseinszustände nicht mehr mit Drogen ein, sondern mittels einer von ihm entwickelten speziellen Atemtechnik im Zusammenhang mit evokativer Musik. In seinem Buch *Die Psychologie der Zukunft* schreibt er dazu:

---

21  Evokation = Hervorrufen von Vorstellungen.

> *„Gewisse Musikstücke scheinen in außergewöhnlichen Bewusstseinszuständen beson-*
> *ders wirksam zu sein. Sie nehmen mehrere wichtige Funktionen ein: Sie mobilisieren*
> *Emotionen, die mit unterdrückten Erinnerungen zusammenhängen, bringen sie an*
> *die Oberfläche und erleichtern ihren Ausdruck.*
> *Sie helfen, das Tor zum Unbewussten zu öffnen, intensivieren und vertiefen den the-*
> *rapeutischen Prozess und bereiten eine für die Erfahrung geeignete Grundgestimmt-*
> *heit. Der kontinuierliche Fluss der Musik trägt die Person wie eine Welle mit sich fort*
> *und hilft ihr dabei, schwierige Erfahrungen, Sackgassen und psychische Abwehrme-*
> *chanismen zu überwinden, sich hinzugeben und loszulassen."*[22]

Musik und andere Formen von Klangtechniken werden seit Jahrtausenden als macht-
volle trance-erzeugende Werkzeuge für rituelle, heilende und spirituelle Praktiken
eingesetzt. In der indischen Yoga-Tradition geht man davon aus, dass die Chakren
(Energiezentren des Körpers) durch bestimmte Klänge beeinflusst werden können.
In der westlichen Forschung wurden bei Laborexperimenten die Auswirkungen von
Musik auf die elektrischen Aktivitäten des Gehirns nachgewiesen.

Um Musik als Katalysator für tiefere Erfahrungen erleben zu können, müssen wir
die Art unseres Hörens verändern. Im Alltag hören wir eher „hin" als „zu" und
benutzen Musik meist als akustischen Hintergrund für das Tagesgeschehen. Die
Musik, die wir dabei hören, ist eher ungeeignet, da sie nur eine geringe *emotionale*
*Relevanz* besitzt. Bei Rockkonzerten hingegen kann man immer wieder beobachten, dass Personen beim Erleben „ihrer" Band in tranceähnliche Zustände geraten.
Die Musik auf solchen Konzerten ist zwar auch dynamisch und elementar, aber im
Unterschied zu evokativer Musik ist bei ihr die Aufmerksamkeit nicht nach innen,
sondern nach außen gerichtet. Dem Erlebnis bei einem Rockkonzert fehlt die we-
sentliche Komponente der Ausrichtung auf die *inneren Seinsdimensionen*.

### Musikauswahl

Auch wenn die Wahl der Musik grundsätzlich Geschmackssache ist, gibt es einige
Dinge, die Sie beachten sollten.

···⋗ Die Musik sollte kraftvoll sein. Sie soll zu einer möglichst tief greifenden Erfahrung führen. In der Praxis wird immer wieder betont, dass diese Erfahrung möglichst positiv sein sollte – natürlich möchten wir niemanden martern. Dennoch
können wir die Prozesse im Bewusstsein von anderen Menschen nicht steuern.
Und die Frage ist auch: Was bedeutet „positive" Erfahrung? Es kann durchaus
sein, dass jemand eine dramatische Erfahrung durchlebt, die uns (und ihn) in
der Situation selbst vielleicht furchterregend anmutet, die ihm aber letzten Endes
Einsichten beschert, die ihm bei der Lösung innerer Probleme helfen.

---

22    Grof, Stanislav: *Die Psychologie der Zukunft*. Edition Astrodata, Wettswil 2002, S. 195.

····> Am besten eignet sich Musik, die relativ unbekannt ist und sie sollte möglichst von hoher künstlerischer Qualität sein.
Instrumentale Musik scheint für diese Zwecke am besten geeignet. Wenn es sich aber um gesungene Musik handelt, sollte diese in einer uns fremden Sprache sein. Die menschliche Stimme wird in diesem Fall quasi zum weiteren Musikinstrument und der Hörende konzentriert sich nicht darauf, den Text zu verstehen.

····> Vermeiden sollten Sie Musik, die bestimmte Assoziationen hervorruft, wie zum Beispiel die Hochzeitsmärsche von Wagner und Mendelssohn.

····> Tonträger und Abspielgeräte sollten von guter technischer Qualität sein, um das Klangerlebnis nicht negativ zu beeinträchtigen.

····> Die Musik muss laut genug sein, um das innere Erleben zu vertiefen – sie sollte „die Stimmen im Kopf" übertönen.

Evokative Musik kann unglaublich tiefe Erfahrungen auslösen – ich spreche da durchaus aus eigener Erfahrung. Deshalb sollten Sie (wenn möglich) sensibel auf Ihre Klienten eingehen. Den Klienten den eigenen Geschmack „aufzudrücken" zeugt nicht von besonders viel Einfühlungsvermögen.

Ich habe von einem Seminarleiter gehört, der eine Person, die eine ausgesprochene Abneigung gegen Gregorianische Chöre hatte, in der Einzelarbeit gezielt und unvermittelt mit dieser Musik konfrontiert hat. Eine „unspezifische Reiztherapie" sozusagen. Solch eine Vorgehensweise fällt bei mir nicht mehr unter mangelndes Einfühlungsvermögen, sondern bereits unter unethisches Verhalten.

Im Laufe der Zeit werden Sie über Ihren ganz persönlichen Fundus an evokativer Musik verfügen. Ich habe mir verschiedene CDs zusammengestellt. Im Folgenden biete ich Ihnen einen Auszug aus bevorzugten Musikstücken an. Diese Auflistung wurde nach einer Umfrage unter transpersonal arbeitenden Therapeuten von Steve Dinan erstellt und ist dem oben genannten Buch von Stanislav Grof entnommen.

## Evokative Musik-CDs

**Titel | Künstler**

Nomad | Nomad

Dorje Ling | David Parsons

1492 | Vangelis (Filmmusik)

Globalarium | James Asher

Feet in the Soil | James Asher

Dance the Devil away | Outback

Mission | Ennio Morricone (Filmmusik)

Power of One | Hans Zimmer (Filmmusik)

Last of the Mohicans | Trevor Jones (Filmmusik)

Egypt | Mickey Hart

Passage in Time | Dead Can Dance

Antarctica | Vangelis (Filmmusik)

Deep Forest | Deep Forest

Jiva Mukti | Nada Shakti & Bruce Becvar

Legends of the Fall | James Homer (Filmmusik)

Mustt Mustt | Nusrat Fateh Ali Khan

Planet Drum | Mickey Hart

Shaman's Breath |
  Professor Trance & the Energizers

Themes | Vangelis

All One Tribe | Scott Fitzgerald

Baraka | Michael Stearns (Filmmusik)

Bones | Gabrielle Roth

Braveheart | James Horner (Filmmusik)

Direct | Vangelis

Dynamic/Kundalini | (Osho) Deuter

Earth Tribe Rhythms | Brent Lewis

Music to Disappear in | Raphael

Schindler's List | John Williams (Filmmusik)

Tana Mana | Ravi Shankar

Thunderdrums | Scott Fitzgerald

All Hearts Beating | Barabara Borden

Closer to Far Away | Douglas Spotted Eagle

Distant Drums Approach | Michael Uyttebroek

Drums of Passion | Babatunde Olatunji

Gula Gula | Mari Boine Persen

Heaven and Earth | Kitaro (Filmmusik)

Journey of the Drums | Prem Das,
Muruga & Shakti

Kali's Dream | Alex Jones

Mishima | Philip Glas (Filmmusik)

Powaqqatsi | Philip Glas (Filmmusik)

Rendezvous | Jean-Michelle Jarre

Skeleton Woman | Flesh & Bone

Songs of Sanctuary | Adiemus

Voices | Vangelis

Waves | Gabrielle Roth

Anima | 010

At the Edge | Mickey Hart

Divine Songs | Alice Coltrane

Exotic Dance | Anugamo & Sabastian

Force Majeure | Tangerine Dream

From Spain to Spain | Vox

House of India | DJ Cheb I Sabbah

Little Buddha | Ryuichi Sakamoto (Filmmusik)

Mask | Vangelis

Miracle Mile | Tangerine Dream

Out of Africa | Dan Wallin u.a. (Filmmusik)

Oxygene | Jean-Michelle Jarre

Rhythm Hunter | Brent Lewis

Sacred Site | Michael Stearns

Serpent's Egg | Dead Can Dance

Tibetan Tantric Choir | The Gyuto Monks

Tongues | Gabrielle Roth

Totem | Gabrielle Roth

Whirling | Omar Faruk Tekbilek

Winds of Warning | Adam Plack & Johnny
White Ant

Fast jede Form von ethnologischer Musik ist für Trancen geeignet.[23]

---

23   Eine große Auswahl an ethnologischer Musik finden Sie auf www.magicmusic.de

## Die Rolle der Fachliteratur

Schon der Schriftsteller Mark Twain (1835-1910) wies darauf hin: „Seien Sie vorsichtig beim Lesen von Gesundheitsbüchern: Sie könnten an einem Druckfehler sterben." Unser Hirn glaubt, dass was gedruckt ist, wahr ist. Eine alte Weisheit, die sich vor allem Journalisten und Werbefachleute zunutze machen. Tatsächlich scheinen wir dazu zu neigen, gedruckten Worten die Bedeutung von Wahrheit beizumessen. Das kann fatale Folgen haben – vor allem in einem Fachbereich, der so wenig klar umrissen ist wie der unsrige.

Lesen Sie die Bücher über Fantasiereisen und Meditation mit einem gewissen inneren Abstand. Nehmen Sie die Anregungen, die Sie dort finden, als Impulse, um in der Praxis herauszufinden, was für Sie und andere funktioniert und sich bewährt und was nicht, welche Aussagen Ihren Überprüfungen standhalten und welche nicht.

Im Anhang dieses Buches finden Sie eine kommentierte Literaturliste mit einigen geeigneten Büchern. – Empfehlenswert sind spezielle, pädagogisch ausgerichtete Buchhandlungen, die oft über eine große Auswahl von Büchern zu unserem Thema verfügen.

Mehr Übersicht könnten die Aktivitäten des Dachverbandes der Stressbewältigungs- und Entspannungstherapeuten, die *Deutsche Gesellschaft für Meditationskultur e.V.* (DGMK), schaffen, die sich um Qualitätssicherung in unserem Fachbereich bemüht. Dort ist man dabei, eine Datenbank mit sorgfältig ausgewählter Literatur zu den Themen Meditation, Entspannung, Stressbewältigung und Bewusstseinsforschung zu erstellen.

## 5.7  Verständnisüberprüfung

1.  Was verstehen wir unter dem Begriff „Trance"?

_____

_____

_____

2.  Was machen Sie mit einer Person, die Schwierigkeiten damit hat, sich in Trance fallen zu lassen, die nicht „abschalten" kann?

_____

_____

_____

_____

_____

3.  Können Ihre Seminarteilnehmer die Qualität Ihrer Arbeit fachlich beurteilen?

   ○  Ja     ○  Nein

   **Begründen Sie Ihre Antwort.**

_____

_____

_____

_____

4. Aus welchem Grund folgen wir bezüglich der Teilnehmer-Informationen dem Grundsatz: So wenig wie möglich, so viel wie nötig?

_____

_____

_____

5. Zu Beginn einer Geführten Meditation geben wir den Teilnehmern eine Orientierung, die aus neun Schritten besteht.
Bitte zählen Sie diese in der richtigen Reihenfolge auf.

_____

_____

_____

_____

_____

_____

_____

_____

_____

6. Sie würden die Teilnehmerinnen und Teilnehmer einer Gruppe gerne duzen. Wie formulieren Sie dieses Ansinnen?

_____

_____

_____

7. Wieso sollten wir vor Beginn einer Geführten Meditation erfragen, ob es Allergiker oder Personen mit gesundheitlichen Einschränkungen gibt?

_____

_____

_____

8. Wieso ist es wichtig, vor der Anleitung eine zeitliche Orientierung zu geben?

_____

_____

_____

9. Wie können Sie Ihrer Stimme während des Anleitens mehr Tiefe, Wohlklang und Ruhe verleihen?

_____

_____

_____

10. Warum kann es problematisch sein, wenn man Geführte Meditationen frei nach Gefühl anleitet, anstatt sie vorzubereiten und abzulesen?

_____

_____

_____

_____

**11. Wie können wir mit Personen umgehen, die bei den Übungen regelmäßig einschlafen?**

_____

_____

_____

**12. Was ist „evokative" Musik?**

_____

_____

_____

**13. Was verstehen wir im Zusammenhang mit Geführten Meditationen unter einer Induktion?**

_____

_____

_____

**14. Wenn wir eine bestimmte Induktion in einer Gruppe anwenden – ist die Trance dann bei jeder Person gleich tief?**

◯ Ja          ◯ Nein

**15. Von welchen Faktoren hängt die Trance-Tiefe ab?**

_____

_____

_____

_____

**16. Warum ist das fachgerechte „Herausführen" nach einer Trance so wichtig?**

_____

_____

_____


**17. Was kann passieren, wenn die Rücknahme von Suggestionen nicht ausreichend war – oder ausgeblieben ist?**

_____

_____

_____


**18. Wieso ist die Aussprache hinterher für die meisten Menschen so wichtig?**

_____

_____

_____


**19. Welche Ausdrucksformen außer der mit Worten kennen Sie noch, um dem inneren Erleben „Gestalt" zu geben?**

_____

_____

_____

_____


**20. Wie heißt die bewährte Methode für einen sauberen Gesprächsumgang in Gruppen und wer hat sie entwickelt?**

_____

_____

_____

# 6. Mit besonderen Situationen umgehen

In diesem Kapitel erfahren Sie, welche problematischen Situationen beim Anleiten von Geführten Meditationen auftauchen können und wie Sie am besten damit umgehen.

Als ich damit begann, mit Menschen zu arbeiten, hatte ich Befürchtungen wegen möglicher problematischer Situationen, die sich in meiner Seminararbeit ergeben könnten. Meine Haltung dazu war: Wenn etwas schief geht oder sich nicht so entwickelt, wie ich es geplant habe, dann habe ich etwas falsch gemacht. Eine Einstellung, die eine gute Voraussetzung dafür ist, während der gesamten Arbeit den Adrenalinspiegel bis zu den Ohren stehen zu haben. Meine Situation entspannte sich mit zunehmender Erfahrung, denn allmählich begriff ich, dass problematische Situationen normal sind – sie gehören zum Seminaralltag dazu. Wenn Menschen zusammenkommen, verläuft das nicht immer reibungslos und es steht auch nicht in unserer Macht, es jedem Teilnehmer recht zu machen. Nach fast 20 Berufsjahren kann ich getrost behaupten, ein „alter Hase" im Bereich der Stressbewältigung, Entspannungsverfahren und Meditation zu sein. Dennoch erlebe ich immer wieder Überraschungen. Indem ich eine innere Haltung der Akzeptanz, des Mitgefühls bezüglich der Verhaltensoriginalitäten meiner Mitmenschen und des Staunens bewahre, rutscht mir das Herz dabei nicht mehr in die Hose.

Im NLP (Neurolinguistisches Programmieren) lernt man, dass es keine *Probleme*, sondern nur *Herausforderungen* gibt. Diesen Ansatz finde ich sehr hilfreich, weil er verhindert, problematischem Geschehen den Beigeschmack einer Katastrophe zu geben. Er lehrt, jede Situation wertneutral und offen als neue Lernerfahrung zu sehen, die die eigene Erfahrung und innere Stärke wachsen lässt – und somit eine Bereicherung darstellt. Indem auch Sie sich diese Einstellung aneignen, werden Sie wissen, dass jede herausfordernde Konstellation ein Geschenk des Lebens an Sie ist.

Über vermeintliche Fehlschläge im beruflichen Tun äußerte sich unter anderem Sigmund Freund (1861–1939), der Begründer der Psychoanalyse, auf interessante Weise: *„Wir lernen in der Psychoanalyse nicht durch das, was funktioniert, sondern durch das, was nicht funktioniert."* Damit wird klar, dass sogar Personen, die in die

Geschichte eingegangen sind, nicht immer „erfolgreich" mit ihren Interventionen waren und dass es ihnen mehr um den *Prozess* als um das Erreichen gesteckter Ziele ging.

Auch wenn Sie sich noch so gut auf eine Einzel- oder Gruppensitzung vorbereiten – denken Sie immer daran, dass Planen nichts anderes bedeutet, als den Zufall durch den Irrtum zu ersetzen – und bleiben Sie locker.

Im Folgenden mache ich Sie mit den am häufigsten auftretenden Sachverhalten vertraut und biete Ihnen Lösungsvorschläge dafür an.

## 6.1 Zeitplanung

In unserer zeitverdichteten Hektik mutet es scheinbar seltsam an, zur Verfügung stehende Gruppenzeit nicht restlos zu verplanen. Hinzu kommen die inneren Antreiber, Teilnehmern für ihr Geld möglichst „viel zu bieten". Dennoch sollten wir dem dadurch verursachten inneren Druck widerstehen und unsere Sitzungen großzügig planen.

Wie es aussehen kann, wenn man die Zeit zu knapp kalkuliert, habe ich in den ersten Jahren meiner Kursleiter-Tätigkeit schmerzlich erfahren. Eine von mir angeleitete Phantasiereise hatte bei verschiedenen Teilnehmern innerlich mehr in Bewegung gesetzt, als ich vermutet hatte. Die Reise hatte ich als Abschluss eines Seminarabends geplant und mit dem Ende der Meditation war auch das Ende der Kursstunde erreicht. Es blieb den Teilnehmerinnen keine Zeit mehr, die Geschehnisse über eine Aussprache zu verarbeiten und so gingen sie verwirrt und unangenehm berührt nach Hause.

Grundsätzlich gilt:

⋯⋗ Der Zeitrahmen für Geführte Meditationen sollte ausreichend bemessen werden, damit hinterher genügend Zeit für mentalen und emotionalen Ausdruck bleibt.

⋯⋗ Behalten Sie während Ihrer Sitzung neben den fachlichen und emotionalen Faktoren auch die Zeit im Blick.

⋯⋗ Achten Sie darauf, dass alle Teilnehmer dabei zu ihrem Recht kommen. Bremsen Sie Vielredner.

⋯⋗ Lassen Sie den Erfahrungsaustausch weder zeitlich noch inhaltlich ausufern und zum „Psycho-Kaffeeklatsch" entgleisen.

## 6.2 Freiwilligkeit

Im Grunde müsste es klar sein, dass niemand innerhalb eines Seminars oder Kurses etwas tun „muss", das er nicht tun möchte. Der freie Wille eines Menschen sollte respektiert werden. Manchmal verweigert eine Person die Teilnahme an einer Übung, ist aber nach einem liebevollen Motivationskick doch dazu bereit, sich einzulassen. Zwischen solch einer einfühlsamen Intervention und einer manipulativen Druckausübung ist es manchmal nur ein schmaler Grat. Hier ist viel Fingerspitzengefühl gefragt.

Ausnahmen bestätigen auch hier die Regel: Manchmal kann es erforderlich werden, ein Nein nicht zu akzeptieren beziehungsweise mit dem Nein zu arbeiten.

Folgendes passierte in einer unserer Ausbildungsgruppen: Sechs von zehn Teilnehmerinnen wollten nicht am Ausdruckstanz teilnehmen – der Bestandteil der Ausbildung ist und den sie später als Seminarleiter selbst anleiten können sollten. Ich entschloss mich deshalb dazu, das Nein nicht einfach zu akzeptieren, sondern machte es zum Gruppenthema. In dem darauffolgenden respektvollen Gespräch förderten wir Interessantes zutage, als wir uns mit den Blockaden der Teilnehmerinnen auseinandersetzten. Denn es wurde schnell deutlich, dass diese Blockaden genau die sind, die ihnen unter Umständen in ihrer späteren Arbeit als Stressbewältigungs- und Entspannungstherapeuten bei ihren Teilnehmerinnen begegnen werden. Nachdem wir ihre unguten Gefühle klären konnten, ließen sich (bis auf eine Person) alle auf die Übung ein.

Grundsätzlich gilt:
···⟩ Bemühen Sie sich um eine Haltung, die von Mitgefühl geprägt ist, und respektieren Sie die Grenzen der Teilnehmer, die sich auf eine Übung nicht einlassen möchten.
···⟩ Solch eine Entscheidung wird von Ihnen weder hinterfragt oder kommentiert noch zur Diskussion gestellt.
···⟩ Beachten Sie diese Regel und bewahren Sie sich dennoch eine gewisse Flexibilität im Umgang damit.
···⟩ Wer etwas nicht mitmachen möchte, sollte vorher den Raum verlassen, damit sich die übrigen Teilnehmerinnen in ihrem Tun nicht beobachtet fühlen. Wenn jemand mittendrin aussteigen möchte, kann er still sitzen oder liegen bleiben, bis die Übung zu Ende ist.

## 6.3 Nicht loslassen können

Wie Sie in den vorherigen Kapiteln bereits erfahren haben, ist die Einleitung einer Trance, also eines vertieften Entspannungszustands, sinnvoll, wenn wir Personen tief in ihre innere Bilderwelt hineinführen möchten. Das gilt für die Anleitung von Fantasiereisen für Gruppen ebenso wie für Imaginationen mit Einzelpersonen. Manche Menschen können sich spontan entspannen, während andere große Probleme damit haben, sich fallen zu lassen. Sie bleiben stark in der äußeren Wahrnehmung und in ihren Denkprozessen verhaftet. Manchmal erzeugt diese Erkenntnis in ihnen zusätzlichen Druck – der die inneren Widerstände wiederum verstärkt. In diesem Zustand bleibt die Arbeit mit Bildern aus dem Unterbewusstsein auf einer sehr oberflächlichen Ebene und ist deshalb wenig wirkungsvoll. Besonders problematisch ist dies bei angeleiteten Imaginationen. Denn hier geht es nicht ums Visualisieren, also sich etwas, das man kennt, vorzustellen, sondern darum, Bilder aus der Seelentiefe unwillkürlich aufsteigen zu lassen.

Schalten Sie der verbalen Induktion körperliche Entspannungsübungen wie Autogenes Training, Progressive Muskelentspannung oder einen Body-Scan vor.

Auch Psychologen bedienen sich dieser körperlichen Entspannungsmethoden, um Personen auf eine Tiefentrance zur Hypnose vorzubereiten. Hat sich das Bewusstsein durch die Umschaltung von Außen- auf Innenwelt erst einmal beruhigt und sind die Muskeln wohlig entspannt, lösen sich parallel meistens auch die Widerstände des Geistes auf und er lässt sich williger auf das Geschehen ein.

## 6.4 „Ich sehe aber andere Bilder."

Auch das ist normal: Sie geben im Rahmen der Geführten Meditation etwas Bestimmtes vor und im Bewusstsein einzelner Teilnehmerinnen entsteht etwas ganz anderes. Es scheint Gründe dafür zu geben, dass unser Gehirn bestimmte Bilder durch andere ersetzt. Selbst die Hirnforschung ist sich über diese Mechanismen noch nicht im Klaren.

Vielleicht hat die Person aber auch ein (halb- oder unbewusstes) Machtproblem mit dem Kursleiter und verweigert deshalb (halb- oder unbewusst) dessen Vorgaben. Möglicherweise hat sie Angst vor den Bildern ihres Unterbewusstseins und macht „dicht". Oder sie kann sich einfach nicht fallen lassen, weil ihre Gedanken zu stark kreisen.

Diese und andere Gründe können dafür verantwortlich sein. Im Grunde ist es aber auch egal. Wir müssen das nicht erklären können – wichtig ist, wie wir mit solch einer Situation umgehen.

Grundsätzlich gilt:

···> Bestätigen Sie die Teilnehmerin und sagen Sie ihr, dass alles okay ist, was in ihr geschieht.

···> Erliegen Sie keinesfalls der Versuchung, die Person zu interpretieren oder zu diagnostizieren.

···> Wenn Sie längere Zeit mit dieser Person arbeiten und das Phänomen anhält, könnten Sie vorsichtig nachfragen, ob Interesse an einem Beratungsgespräch besteht. Machen Sie sich dabei jedoch nicht zum Psychotherapeuten.

## 6.5 „Ich sehe gar keine Bilder."

„Ich kann keine Bilder sehen." Diese Aussage von Seminarteilnehmern kommt relativ häufig vor. Sie hängt mit einem mangelnden Verständnis darüber zusammen, was mit „Sehen" gemeint ist. Mit *Sehen* verbinden die meisten Menschen die Vorstellung, mithilfe ihrer physischen Augen etwas anzuschauen. Im Zusammenhang mit *inneren* Bildern ist dieser Begriff in der Tat missverständlich, denn hier geht es nicht um *optisches Sehen*, sondern passender ausgedrückt um „Wahrnehmen". Und wahrnehmen können wir mit verschiedenen Sinnen: Wir können hören, riechen, schmecken, spüren – oder auch nur eine „Ahnung", ein „Gefühl von etwas" haben. *Wahrnehmung* setzt sich aus all diesen Elementen zusammen und umfasst das, was wir im Kontext der Arbeit mit Geführten Meditationen unter *Sehen* verstehen.

Grundsätzlich gilt:
- Erklären Sie Ihren Klienten den Unterschied zwischen „Sehen" und „Wahrnehmen".
- Machen Sie deutlich, dass es völlig ausreichend ist, wenn sie einfach nur ein „Gefühl", eine „Ahnung" von etwas haben.
- Mit dieser Empfehlung habe ich schon manche Blockade gelöst: „Wenn du nichts sehen kannst, dann stell dir vor, wie es aussehen würde, wenn du es sehen könntest."

## 6.6 Emotionale Eruptionen

Wenn wir Teilnehmer auf eine Reise in ihre innere Bilderwelt führen, dann möchten wir sie in Kontakt mit sich selbst bringen. (Wollten wir das nicht, könnten wir ihnen bei einer Tasse Tee einfach etwas Nettes aus einem Buch vorlesen.) Manchmal ist eine Person im Anschluss an eine Geführte Meditation derart tief berührt, dass sie ihre Bewegtheit nicht mehr verbergen kann. Die Bandbreite der Reaktionen reicht von Lachkrämpfen bis zu weinenden Zusammenbrüchen.

Auch das ist „normal" und einem Betroffenen sollte die Möglichkeit des emotionalen Ausdrucks gegeben werden. In Therapeutenkreisen wird häufig die Einstellung vertreten, in solch einem Fall solle die Gruppe einer Person Schutz und Halt vermitteln. Nach meiner Erfahrung ist eine zusammengewachsene Gruppe dazu durchaus in der Lage. In der Praxis finden wir diese Voraussetzung nicht immer vor. Vielleicht ist die Gruppe neu oder die Teilnehmer sind sehr unerfahren mit Selbsterfahrung und emotionalem Ausdruck. Meine Meinung ist, dass eine Seminarleiterin die Verantwortung für die Gestaltung einer derartigen Situation nicht an die Gruppe abgeben darf.

Vielleicht fragen Sie sich gerade, ob es konkrete bestimmte Verhaltensweisen oder Vorgaben für solche Situationen gibt. Leider gibt es das nicht. Jedes Geschehen ist einzigartig und fordert von uns, dass wir uns vollkommen unvoreingenommen dem Hier und Jetzt öffnen.

Passierte so etwas in den ersten Kursen, die ich gab, habe ich die Personen gefragt, ob sie darüber reden möchten. Mit zunehmender Erfahrung habe ich jedoch erkannt, dass die meisten das gar nicht möchten – es ist ihnen ohnehin schon alles ziemlich peinlich.

Die häufigste Reaktion auf gefühlsmäßige Betroffenheit besteht in mehr oder weniger starkem Weinen. Auch ein Seminarleiter „ist nur ein Mensch" und deshalb wird auf so etwas im Allgemeinen auch „typisch menschlich" reagiert:

⋯⋗ „Du Arme, ich weiß genau, wie du dich jetzt fühlst. Glaub' mir: das geht vorbei. Hast du denn jemanden, der sich zu Hause noch um dich kümmert? Morgen fühlst du dich bestimmt wieder besser."

⋯⋗ „Du bist nicht die Einzige, der es so geht. Schau mal, die junge Frau dort drüben weint auch."

⋯⋗ „Ach ja, dein Sternzeichen ist Fische. Da ist das normal, dass du weinst. Fische haben nämlich immer nah am Wasser gebaut."

⋯⋗ „Nun komm, das ist doch alles nur halb so schlimm. Reiß dich mal ein bisschen zusammen, okay?"

⋯⟩ „Ich kann dir ein paar Übungen zeigen, dann geht's dir gleich viel besser. Vielleicht solltest du eine Psychotherapie machen."

Sie schmunzeln unbehaglich? Warum eigentlich? Denn gewöhnlich reagieren wir auf eine dieser Arten, wenn wir mit einer weinenden Person in Berührung kommen – es sei denn, wir haben eine Ausbildung in Gesprächstherapie oder Gewaltfreier Kommunikation. Wir können es nur schwer aushalten, einen anderen Menschen „leiden" zu sehen, und möchten, dass diese Situation so schnell wie möglich vorbeigeht. Dazu bedienen wir uns der Strategien des Tröstens, Vergleichens, Interpretierens, Bemäntelns oder Ratschläge-Erteilens (in der Reihenfolge der oben genannten Beispielsätze).

Aber im Grunde wünschen wir uns etwas anderes, wenn wir weinen. Normalerweise möchten wir, dass unser Schmerz und unsere Tränen akzeptiert werden. Am wenigsten brauchen wir in solchen Situationen jemanden, der unsere Trauer und Bewegtheit nicht aushalten kann und deshalb versucht, sie zu minimieren oder „wegzumachen".

Deshalb gilt in solchen Situationen:

⋯⟩ Bleiben Sie im *Mitgefühl*, statt in *Mitleid* zu verfallen. Schmerz, Trauer und Tränen gehören zum Leben dazu und haben deshalb eine Daseinsberechtigung.

⋯⟩ Wenn Sie selbst sehr betroffen sind, konzentrieren Sie sich auf Ihren Atem. Atmen Sie ruhig ein und aus und versuchen Sie, sich mit dem Atem der betroffenen Person zu verbinden. Atmen Sie gemeinsam.

⋯⟩ Je nach Situation können Sie der Person sanft eine Hand auf Arm oder Schulter legen und ihr ein Taschentuch reichen.

⋯⟩ Wenn die Situation es angemessen erscheinen lässt, können Sie die Betroffene in den Arm nehmen, aber kündigen Sie das vorher an und fragen Sie vorher, ob es in Ordnung ist.

⋯⟩ Achten Sie auf Personen, die den Hang dazu haben, sich mit ihren emotionalen Eruptionen zum Mittelpunkt der Gruppe zu machen. Führen Sie das Thema immer wieder auf das allgemeine Gruppengeschehen zurück und ermuntern Sie andere Teilnehmer zu Beiträgen. Wenn eine Person wiederholt versucht, die Gruppe zur Bühne für ihre Probleme zu machen, kann ein Gespräch unter vier Augen mit dem Betroffenen angebracht sein.

⋯⟩ Achten Sie darauf, dass ein Entspannungskurs nicht zur „Psycho-Sitzung" mutiert. Was als harmloser Erfahrungsaustausch beginnt, sollte nicht als gandenloser Seelen-Striptease enden.

⋯⟩ Wenn Sie sich dazu entscheiden, die Gruppenarbeit nicht zu unterbrechen, sollten Sie das Geschehen dennoch nicht einfach übergehen. Signalisieren Sie mit einer kleinen Geste, dass Sie zur Kenntnis genommen haben, dass etwas in der Person vor sich geht. In solch einem Fall reiche ich dem Betroffenen wortlos ein

Taschentuch, drücke kurz seine Hand oder streichle kurz mitfühlend über seinen Arm. In der Regel reicht das völlig aus.

Vor einigen Jahren erlebte ich etwas Wunderbares in einer Gruppe, das sich ganz spontan aus der Situation heraus entwickelte. Eine Person weinte und ich hielt sie im Arm. Während wir still saßen, kam eine Teilnehmerin nach der anderen zu uns und legte ihre Arme um uns. Irgendwann bildeten wir ein schweigendes, wiegendes Knäuel voller Mitgefühl. Eine wundersame, wunderbare Erfahrung!

## 6.7 Nicht wieder zurück wollen

Ups! Die Übung ist zu Ende ... und ein Teilnehmer bleibt einfach liegen und macht die Augen nicht mehr auf.

Es ist gar nicht ungewöhnlich, dass jemand nach der Übung die Augen nicht mehr öffnen möchte. Er steckt noch tief in der Welt seines Unterbewusstseins und braucht eine kleine „Geburtshilfe", um wieder ins Hier und Jetzt zurückzukommen.

In solch einem Fall können Sie die Herausnahme noch einmal lauter, deutlicher und dynamischer – und eventuell ausführlicher – wiederholen. Sollte das immer noch nicht reichen, können Sie die Person sanft an der Schulter berühren und sie leise ansprechen, bis sie reagiert. Behalten Sie diesen Teilnehmer noch ein wenig im Blick. Wenn er hinterher immer noch einen benommenen Eindruck macht, können Sie auch eine dynamische, erdende Übung anleiten, bevor er nach Hause geht. Ich biete in solchen Fällen gerne noch einen Abschlusstanz nach afrikanischer Trommelmusik an. Danach ist selbst der Verträumteste wieder hellwach.

## 6.8 Ausdrucks-„Hemmung"

Die Gruppen-Übung ist zu Ende und alle reden nacheinander über ihre Erfahrungen – nur einer schweigt. Eine Situation, die einen als Kurs- und Seminarleiter einen kurzen Moment lang irritieren kann.

Denn die Erfahrung zeigt, dass die meisten Menschen es begrüßen, nach einer Geführten Meditation die Möglichkeit zu haben, das Erlebte auszudrücken, um es einordnen und verarbeiten zu können, aber einige möchten das – aus welchen Gründen auch immer – nicht tun. Ich hatte zum Beispiel einmal die Bürgermeisterin eines Ortes in einer Meditationsgruppe, die verständlicherweise mit den Äußerungen zu ihrem inneren Erleben etwas sparsam war. Nicht jeder braucht andere zum Reden, um Klarheit über sich selbst zu erlangen. Manche Menschen verarbeiten ihre Erfahrungen besser in sich selbst als in der äußeren Darstellung.

Grundsätzlich gilt:
- Das Reden im Anschluss an die Übung sollte als Angebot, als Einladung formuliert werden und keinesfalls wie ein Muss klingen.
- Machen Sie deutlich, dass jeder die Freiheit zum Reden sowie zum Schweigen hat. Drängen Sie niemanden zur Selbstexploration (auch nicht indirekt manipulativ!).
- Tragen Sie dafür Sorge, dass die vorgebrachten inneren Erlebnisse nicht von anderen kommentiert werden – und tun Sie das auch selbst nicht.

## 6.9 Ungewohnte Erfahrungen und Empfindungen

In der Meditation verändern sich natürlicherweise unsere äußeren und inneren Wahrnehmungen und Empfindungen. Obwohl diese Phänomene völlig normal sind, sind sie für viele Menschen neu und ungewohnt und können sie deshalb irritieren oder sogar beunruhigen: Kribbeln, Unruhe, Schmerzen, Taubheit, Hitze, Kühle, das Gefühl, schief zu sitzen oder sich aufzulösen.

Eine besondere Kategorie sind die Bewusstseinsphänomene. Von Symbolbildern des Unterbewusstseins bis hin zu wirklichen mystischen Erfahrungen oder dem Erwecken der Kundalini-Energie[24] ist hier alles möglich. Wer ungeübt in Meditation ist und erstmalig so etwas erlebt, kann tüchtig irritiert werden. Wirklichen Rat kann den Betroffenen nur geben, wer sich in der Landkarte des Bewusstseins auskennt (bestenfalls aus eigener Erfahrung). Aber genau genommen kann er auch nur die Phänomene seines eigenen Geistes beurteilen. Dennoch verleihen einem Spezialisten das Wissen und die eigenen inneren Erkenntnisse eine gewisse Gelassenheit im Umgang mit diesen Dingen, die sich wohltuend auf den Betroffenen übertragen kann. Ihm zu versichern, dass er nicht kurz davor ist „durchzudrehen" und dass es sich um Bewusstseinsphänomene handelt, die – wenn auch nicht alltäglich – dennoch aber normal sind, ist bereits sehr hilfreich.

Ein Fachmann auf einem Gebiet zu sein bedeutet auch, dessen Grenzen zu kennen. Nur weil Sie Fantasiereisen und Imaginationen anleiten, kann niemand von Ihnen erwarten, ein Meditationsmeister oder Neuropsychologe zu sein. Das würde wirklich etwas zu weit gehen. Wenn Sie mit Ihrem Wissen und Ihren Erfahrungen an Grenzen stoßen, sollten Sie auf Fachleute zurückgreifen.

Verweisen Sie Betroffene zum Beispiel an die Deutsche Gesellschaft für Meditationskultur e.V. (DGMK)[25]. Dort sind Personen tätig, die über Erfahrungen im Umgang mit dem Bewusstsein verfügen.

---

24    Kundalini-Energie = eine Kraft, die jedem Menschen innewohnt. Die tantrischen Lehren bezeichnen sie als Schlange, die zusammengerollt am Ende der Wirbelsäule liegt. Sie wird durch verschiedene spirituelle Techniken/Praktiken geweckt und zum Steigen gebracht. Die psychischen und energetischen Auswirkungen können gewaltig sein.

25    www.meditationskultur.de

# 6.10 Verständnisüberprüfung

1. Warum sollten Sie bei Geführten Meditationen die Zeit großzügig bemessen?

_____

_____

_____

2. Wie gehen Sie damit um, wenn ein Teilnehmer an einer Übung nicht teilnehmen möchte?

_____

_____

_____

3. Wo kann die Ursache dafür liegen, dass eine Person glaubt, keine Bilder „sehen" zu können?

_____

_____

_____

_____

4. Wie gehen Sie damit um, wenn eine Teilnehmerin in Ihrem Kurs einen Weinkrampf bekommt?

_____

_____

_____

_____

5.  **Was tun Sie in solch einer Situation keinesfalls?**

_____

_____

_____

6.  **Worauf sollten Sie in solchen Situationen achten?**

_____

_____

_____

7.  **Was machen Sie, wenn ein Teilnehmer nach der Übung nicht mehr ins Wachbewusstsein zurückkommt?**

_____

_____

_____

_____

_____

8.  **Welche Körperempfindungen können in Meditationssitzungen auftauchen?**

_____

_____

_____

_____

_____

9.  **Sind diese Empfindungen bedrohlich?**

    ○ Ja        ○ Nein

10. Was tun Sie, wenn jemand Klärung über starke psychische oder spirituelle Erlebnisse haben möchte, die er während der Anleitung hatte und die Ihr Wissen und Ihre Erfahrung überfordern?

_____

_____

_____

_____

_____

# 7. Wann wir's lieber lassen sollten

Geführte Meditationen sind zwar sanft, aber durchaus nicht nicht-invasiv. Es gibt bestimmte Situationen und Symptomatiken, bei deren Vorliegen wir darauf verzichten sollten, die betroffene Person zu einer Übung anzuleiten. In diesem Kapitel erfahren Sie, worum es sich dabei aus medizinischer und psychologischer Sicht im Einzelnen handelt.

Was Sie im Folgenden lesen werden, hat eine gewisse Allgemeingültigkeit für jede Form von Entspannungs- und Stressbewältigungstechniken sowie für Meditation. Es ist kaum vorstellbar, aber dennoch ist es so, dass es für die Methoden, mit denen wir hier arbeiten, Gegenanzeigen geben kann. Denn obwohl sie sanft sind, greifen Sie tief ins Unterbewusstsein ein.

Grundsätzlich unterscheide ich zwei Formen von Kontraindikationen:
···⊱ absolute Gegenanzeigen,
···⊱ relative Gegenanzeigen.

Diese Unterscheidung treffe ich vor allem im Hinblick auf den fachlichen Hintergrund der Anleitenden. Für eine Kauffrau, die gelernt hat, Geführte Meditationen fachgerecht anzuleiten, die ansonsten aber keine medizinische oder psychologische Ausbildung hat, gelten natürlicherweise andere Grenzen als für medizinisches Fachpersonal. Für diese Frau sind bestimmte Situationen kontraindiziert, die für einen Anleitenden, der Arzt oder Psychotherapeut ist, keine Probleme darstellen. Da die meisten Menschen, die dieses Buch lesen, keine medizinisch-psychologische Ausbildung haben, orientiere ich mich mit meinen Ausführungen am „Laien".

## 7.1 Absolute Gegenanzeigen

Nach der aktuellen ICD 10[26] gibt es die Unterteilung in *psychotische* und *neurotische* Störungen inzwischen nicht mehr. Dennoch greife ich hier auf die alte Klassifizierung zurück, weil sie eine einfachere Darstellung des Themas ermöglicht.

### Psychotische Störungen

Wenn eines Tages Ihr Telefon klingelt, Kaiser Nero ist dran und bittet um einen Audienztermin, ist die Sachlage relativ klar. Viele schwere Persönlichkeitsstörungen sind jedoch nicht auf den ersten Blick zu erkennen – häufig nicht einmal auf den zweiten und für einen medizinischen Laien vermutlich überhaupt nicht. Starke Persönlichkeitsstörungen (früher Psychosen genannt) gelten als unheilbar. Die Patienten werden in der Regel lebenslang mit Psychopharmaka behandelt, um ihnen weitestgehend ein halbwegs normales Leben zu ermöglichen. Die Betroffenen zeigen eine verzerrte Selbst-, Fremd- und Umweltwahrnehmung – mit entsprechenden Folgen für sich selbst und ihre Mitwelt. Bei Psychotikern glaubt man häufig zunächst, einen ungewöhnlich klugen, lebenserfahrenen, empathischen und durchaus sympathischen Menschen vor sich zu haben. Im Laufe der Zeit können sich jedoch Merkwürdigkeiten häufen, die einen am „gesunden Menschenverstand" des Gegenübers zweifeln lassen.

Nach meiner Erfahrung verschweigen die meisten Betroffenen nicht unbedingt, dass sie psychische Probleme haben, aber sie werden gerne trivialisiert. Eine Frau sagte mir beispielsweise, sie hätte Angstneurosen und Depressionen – was in unserem Kontext nicht unbedingt eine Kontraindikation bedeuten würde. Erst im Laufe der Zusammenarbeit kam es zu einigen unangenehmen Situationen, die mich zunächst einmal an meinem eigenen Verstand zweifeln ließen. Mit der Zeit erkannte ich die Ausmaße ihrer Störungen, die nach und nach immer deutlicher zutage traten. Obwohl ich freundlich, aber bestimmt die Zusammenarbeit abbrach, machte mir diese Frau noch eine Zeit lang das Leben schwer, unter anderem mit der Androhung von körperlicher Gewalt und ähnlichen unnetten Dingen.

Wir alle haben einen gesunden Menschenverstand. Manchmal wird unser angeborenes „Heiler-Helfer-Syndrom" sehr dominant und der Verstand legt eine Pause ein. Das Helfer-Syndrom unterdrückt dann alle Warnzeichen und wir sind nur noch von dem Gedanken beseelt, der armen Person helfen zu wollen. Mein Rat aus der praktischen Erfahrung: Vergessen Sie es! Und auch wenn Sie glauben, eine psycho-

---

26 ICD 10 = International Classification of Diseases. Eine internationale statistische Klassifikation von Krankheiten, herausgegeben von der WHO.

tische Person „heilen" zu können ... glauben Sie mir: Sie können es nicht. Hören Sie auf Ihren gesunden Menschenverstand. Im Zweifelsfall holen Sie sich Rat in medizinischen Einrichtungen. Wenn Sie mit Menschen arbeiten, die schwere Persönlichkeitsstörungen haben, können Sie sich auf verschiedene Arten eine Menge Ärger einhandeln.

Eine gründliche Vorabbefragung kann Aufschluss darüber geben, ob sich jemand in psychiatrischer Behandlung befindet oder befand. Wenn jemand sagt, dass er einmal eine Therapie gemacht hat, in einer Klinik war oder Medikamente nimmt, frage ich ganz gezielt nach der Diagnose und schreibe mir auf, welche Medikamente derjenige nimmt. Manchmal gibt das nämlich einen deutlichen Hinweis auf die Schwere der Störung. Hilfreich ist in solchen Fällen das Deutsche Arzneimittelverzeichnis *Rote Liste*[27].

## Neurotische Störungen

Weniger schwer, aber auch nicht ohne, sind neurotische Störungen. Sie zeigen sich in der Neigung der Betroffenen, Erlebnisse abnorm zu verarbeiten, was zu einer dauerhaften körperlichen und seelischen Erkrankung der Gesamtpersönlichkeit führen kann. Diese Beeinträchtigung kann sich zum Beispiel in Phobien (Angststörungen), Zwangsstörungen, Hemmungen, Verstimmungen, hypochondrischen Neigungen und Entfremdung unterschiedlicher Ausprägung zeigen. Eine Person mit einem intensiven neurotischen Verhalten kann durchaus auch in einen psychotischen Zustand geraten. Sie kennen den Begriff „Borderline-Syndrom". Hier sind die Grenzen zwischen neurotischen und psychotischen Störungen fließend. Gerade weil sie fließend sind und sie von den (meistens sehr therapieerfahrenen) Betroffenen gut verborgen werden können, sind sie für fachfremde Personen nicht zu erkennen. Neurotische Störungen stellen nicht per se eine Kontraindikation dar – im Verständnis unserer Arbeit mit „gesunden" Menschen jedoch schon.

## Einnahme von Psychopharmaka

Die Einnahme von Psychopharmaka ist ein zuverlässiger Indikator dafür, dass bei einem Menschen einer der zuvor beschriebenen Zustände besteht.

---

27   www.rote-liste.de

## Einnahme von Drogen

Ohne ein Moralapostel zu sein: Ich beziehe hier in Bausch und Bogen alle bewusstseinsverändernden Substanzen mit ein. Drogeneinnahmen können zu von Laien nicht kontrollierbaren körperlichen oder psychischen (psychotischen) Ausnahmezuständen führen.

Selbst wenn eine Person *nicht direkt* vor den Übungen etwas eingenommen hat, kann es zum sogenannten *Flashback* kommen. Aus von außen nicht ersichtlichem Grund „rutschen" die Betroffenen plötzlich wieder in einen Rauschzustand ab – oder schlimmstenfalls in eine Psychose. Am häufigsten kommt der Flashback im Zusammenhang mit der Einnahme von LSD vor. Solche Zustände sind für den medizinischen Laien nicht kontrollierbar und deshalb sollten wir die Zusammenarbeit mit Menschen, die Drogen einnehmen, besser vermeiden.

## Alkoholkrankheit

Im Grunde müsste die Alkoholkrankheit bei den Drogen eingeordnet werden. Da die Droge Alkohol jedoch gesetzlich legitimiert ist, gebe ich ihr eine eigene Zwischenüberschrift.

Wenn jemand auf die Frage nach seinem Alkoholkonsum etwas zögert, sollten Sie leicht nachhaken – ohne jedoch eine moralische Wertung in die Nachfragen zu legen. Zeigen Sie in jedem Fall Verständnis und machen Sie klar, dass es Sie persönlich nicht interessiert, was jemand tut, dass Sie es für Ihre Arbeit jedoch wissen müssen.

Die Alkoholkrankheit ist hier zwar unter Gegenanzeigen platziert, aber für sich genommen stellt sie keine wirkliche Kontraindikation dar – und schon gar nicht bei trockenen Alkoholikern. Es geht in unserem Zusammenhang nur darum, dass Körper und Geist von Abhängigen unvorhersehbar auf den Entspannungszustand reagieren könnten und Reaktionen hervorbringen, die für uns problematisch werden.

Meditations- und Entspannungstechniken unter ärztlicher Aufsicht sind nach meiner Erfahrung für den Entzug und ein neues Leben danach überaus hilfreich.

## 7.2 Relative Gegenanzeigen (Problembewusstsein)

### Starke Allergien

Bei jemandem, der unter starken Allergien leidet, besteht immer die Gefahr eines anaphylaktischen Schocks. In solch einer Situation reagiert der Körper auf ein bestimmtes Agens vollständig über. Die physiologischen Abläufe im Körper können zu Kreislaufversagen und damit zum sofortigen Tod führen. Was für uns das Interessante daran ist: Aus dem Forschungsgebiet der Psychoneuroimmunologie wissen wir, dass bereits der Gedanke an einen Allergieauslöser einen anaphylaktischen Schock auslösen kann.

Das sollten Sie wissen, wenn Sie Menschen im Rahmen von Fantasiereisen über blühende Sommerwiesen oder mit Tieren zusammenführen. Die Kenntnis über bestehende Allergien ist also wichtig. Wenn Sie mit Betroffenen arbeiten, sollten Sie während der Übung stets ein waches Auge auf sie haben. Hochgradig sensible Personen haben meistens ein entsprechendes Notfallmedikament (Adrenalin-Injektor) dabei.

### Asthma

Auch Personen mit Asthma tragen in der Regel ihre Medikamente bei sich. Förderlich ist es trotzdem nicht, wenn ein Teilnehmer während der Übung plötzlich einen Anfall bekommt. Medizinisch kann man nicht genau sagen, was im Einzelfall einen Asthmaanfall hervorruft, deshalb ist auch hier ein waches Auge geboten.

### Schwangerschaft

Eigentlich ist eine Schwangerschaft überhaupt keine Gegenanzeige – im Gegenteil. Das Problem liegt ganz woanders: Sollte die Frau während oder nach der Entspannungsarbeit ihr Kind verlieren – unabhängig von den wirklichen Ursachen – könnte die Neigung bestehen, die Seminarleiterin dafür verantwortlich zu machen. Jeder Anleitende muss für sich selbst entscheiden, ob er dieses Risiko eingehen möchte oder nicht.

### Herzerkrankungen

Hier gilt dasselbe wie beim Asthma: Sie sollten ein Problembewusstsein dafür haben.

### Diverse

Viele der relativen Gegenanzeigen beziehen sich auf Fantasiereisen, deshalb sollte auch auf diese, möglicherweise kritischen Themen geachtet werden:

⋯⋗ Ist jemand *Nichtschwimmer?*

⋯⋗ Hat jemand *Höhenangst?*

⋯⋗ Leidet jemand unter *Klaustrophobie* (Angst vor Einengung)?

Falls das der Fall ist, vermeiden Sie am besten Fantasiereisen mit Inhalten, die die Betroffenen mit diesen Ängsten in Kontakt bringen könnten.

## 7.3 Therapeutische Überlegungen

### Vorheriges Abklären

Grundsätzlich sollte im Vorgespräch oder vor Beginn der Übung (kurz) abgeklärt werden, ob eine der oben beschriebenen Situationen vorliegt.

### Vom Gefühl leiten lassen

Es gibt eine sehr einfache Richtschnur für Kontraindikationen in der Arbeit mit Geführten Meditationen: Ein „Nein" ist immer da angebracht, wo Sie einfach ein ungutes Gefühl haben. Manchmal kann man das nicht einmal erklären. Muss man auch nicht. Bauchgrummeln heißt: Lass es!

### Vertrauen ins Leben haben

> „Das Leben ist ein Puzzlespiel.
> Wenn Sie zurückschauen, werden Sie sehen,
> dass alle Teile ineinandergepasst haben –
> auch wenn Sie das jetzt nicht erkennen können.
> Es wird sich alles zum Besten wenden.
> Das ist immer so."
> – *Minette Walters* in „Im Eishaus"

Was den Menschen anbelangt, da ist im Grunde alles möglich – und manche Dinge geschehen einfach, auch wenn wir das nicht begreifen können. Wir müssen damit leben, dass wir weder uns selbst noch unsere Seminarteilnehmer vor allem Unangenehmen bewahren können. Mit Menschen zu arbeiten ist immer ein Risiko und erfordert einen gewissen Mut.

Da ist es gut, Vertrauen in das zu haben, was geschieht – egal ob wir es als angenehm oder unangenehm bewerten. Das hat nichts mit Fatalismus zu tun und auch nichts mit Schönfärberei. Wir müssen nicht gut finden, was passiert. Aber meistens ist es hilfreich zu akzeptieren, dass die Dinge sind, wie sie sind.

### Das Schlimmste tritt nie ein

Auch wenn das Schlimmste in der Regel nicht eintritt (ich hatte in all den Jahren meiner Berufspraxis nicht eine einzige schwerwiegende Komplikation), ist es dennoch wichtig, ein Problembewusstsein für mögliche Kontraindikationen zu haben und sich nicht naiv und blauäugig ins Geschehen zu stürzen.

## 7.4 Blüten für den Notfall: Bachblüten – Rescue Remedy (Notfalltropfen)

Sie sollten für Notfälle stets ein Fläschchen Bachblüten-Notfall-Essenz im Haus haben.

Die Tropfen sind eine von dem englischen Arzt Dr. Edward Bach (1886-1936) zusammengestellte Mischung aus fünf verschiedenen Blütenessenzen, deren Wirkungsweise der homöopathischer Mittel ähnlich ist. Rescue-Tropfen sind für akute Notsituationen gedacht, in denen das energetische System erschüttert ist oder jemand einer außergewöhnlichen Belastung ausgesetzt ist. Zum Beispiel bei Schreck (Unfall, Türenknallen etc.), Schock, Lampenfieber, Bewerbungsgespräch, unangenehmen Nachrichten, Trennung, Unfall, Verletzung, heftiger Auseinandersetzung, Führerscheinprüfung, Operation.

### Wirkung

Die Essenz stabilisiert innerhalb weniger Minuten das emotionale Gleichgewicht und normalisiert die Körperfunktionen.

### Anwendung

Anwendung bei Menschen (Erwachsenen, Kindern und Säuglingen), Tieren und Pflanzen.

*Innerlich:*
Vier Tropfen aus der Stockbottle (Vorratsflasche) auf ein Glas Wasser und schluckweise trinken. – Die Essenz kann aber auch unverdünnt eingenommen werden.

*Äußerlich:*
Sechs Tropfen auf einen halben Liter Wasser und damit Umschläge machen.
Bei Bewusstlosen können Lippen, Schläfen und Handgelenke mit der unverdünnten Essenz eingerieben werden. Eine Überdosierung ist nicht möglich. Nebenwirkungen und Begleiterscheinungen sind nicht bekannt.

# 7.5 Verständnisüberprüfung

1. Welche beiden Formen von Gegenanzeigen unterscheiden wir?

   _____

   _____

   _____

2. Nennen Sie Beispiele für absolute Gegenanzeigen.

   _____

   _____

   _____

3. Nennen Sie Beispiele für relative Gegenanzeigen.

   _____

   _____

   _____

4. Kann man als Laie Persönlichkeitsstörungen auf den ersten Blick erkennen?

   ○ Ja        ○ Nein

5. Wie können Sie erfahren, ob sich eine Person in psychiatrischer Behandlung befand oder befindet?
   Welche Erkenntnis kann Ihnen dabei hilfreich sein?

   _____

   _____

   _____

6. Sie haben gelernt, dass Alkoholkrankheit nicht per se eine Kontraindikation darstellt. Wieso ist sie es in unserem Fall jedoch trotzdem?

_____

_____

_____

7. Wieso kann das Vorhandensein einer Allergie bei einem Menschen eine Kontraindikation darstellen?

_____

_____

_____

8. Wieso führen wir „Schwangerschaft" bei Gegenanzeigen auf?

_____

_____

_____

9. Welche kritischen Themen gibt es noch, bei denen aufgepasst werden sollte?

_____

_____

_____

_____

**10.** Wenn wir unsicher sind, gibt es eine „Instanz", auf die wir hören sollten. Welche ist das?

_____

_____

_____

**11.** Recherchieren Sie: Was sind Bachblüten-Essenzen?

_____

_____

_____

_____

_____

**12.** Wie können Bachblüten-Rescue-Tropfen im Notfall angewendet werden?

_____

_____

_____

# 8. Lösungsvorschläge

## 8.1 Kapitel 1: Geführte Meditationen – eine Reise nach innen

1. **Was versteht man unter dem Begriff „Geführte Meditationen"?**
   „Geführte Meditationen" ist der Oberbegriff für verschiedene Anleitungen, die sich in Art, Inhalten und Zielsetzungen unterscheiden, die aber alle den Bewusstseinsmethoden zugerechnet werden können.

2. **Welche anderen Bezeichnungen für diese Methoden gibt es noch?**
   Fantasiereisen, Gelenkte Fantasien, Geführte Imaginationen, Imaginierte Entspannung, Wachtraumtechnik, Katathymes Bilderleben, Tagträumen.

3. **Welche Zielsetzungen gibt es im Bereich der Geführten Meditationen?**
   3.1 Entspannung und Regeneration
   3.2 Selbsterkenntnis
   3.3 Bewältigung der alltäglichen Herausforderungen
   3.4 Bewältigung psychischer Probleme
   3.5 Erhöhung von Motivation und Leistungsfähigkeit

4. **Erklären Sie den Begriff „Visualisieren".**
   Visualisieren ist die aktive Form des bildhaften Vorstellens. Man stellt sich etwas vor, das man bereits kennt.

5. **Erklären Sie den Begriff „Imaginieren".**
   Imaginieren ist die passive oder rezeptive Form des bildhaften Vorstellens. Es handelt sich dabei nicht um etwas Reales, sondern etwas, das unserer Fantasie entspringt.

**6. Können Visualisierung und Imagination in einer angeleiteten Meditation klar voneinander abgegrenzt werden?**

◯ Ja    ✓ Nein

**Begründen Sie Ihre Antwort und geben Sie ein Beispiel.**
Die Prozesse gehen meistens fließend ineinander über.

Beispiel: Wir führen die Teilnehmer in ihrer Fantasie zu sich nach Hause, in ihr eigenes Zimmer. Wir laden sie dazu ein, sich dort umzusehen, den Raum zu durchstreifen und sich alle Dinge anzuschauen – vielleicht auch in die Hand zu nehmen –, die sie dort vorfinden (visualisieren). Im nächsten Schritt lassen wir sie Veränderungen in dem Zimmer vornehmen.
Anschließend geben wir den Teilnehmern die Möglichkeit, in ihrer Fantasie ein neues Zimmer vor ihrem inneren Auge entstehen zu lassen (imaginieren).

**7. Erklären Sie mit zwei kurzen Sätzen, was wir unter „Fantasie" verstehen.**
Fantasie ist die natürliche Fähigkeit, sich etwas vorzustellen – Bilder und Gefühle im Bewusstsein entstehen zu lassen.

**8. Was ist das Besondere an Fantasie?**
**Zählen Sie drei wesentliche Faktoren auf.**
1. Die Fantasie sprengt die Grenzen des rationalen Verstandes: Alles ist möglich.
2. Neue Handlungsmöglichkeiten und Problemlösungen können spielerisch entdeckt werden, die allein durch logisches Nachdenken nicht entstanden wären.
3. Mittels Fantasie lassen sich unsere Emotionen, Köperfunktionen und Handlungsweisen beeinflussen.

# 8.2 Kapitel 2: Alpha – die besondere Frequenz

**1. Was kann mit einem EEG gemessen werden?**

Die Geschwindigkeiten unserer Nervenimpulse pro Sekunde, ausgedrückt in der Maßeinheit Hertz (Hz).

**2. Nennen Sie die fünf bekannten Bewusstseinszustände und geben Sie den jeweiligen Frequenzbereich an.**

Gamma-Zustand = Hyperpsychologischer Zustand (> 27 Hz)
Beta-Zustand = Tagesbewusstsein (21-14 Hz)
Alpha-Zustand = Halbbewusstsein (14-7 Hz)
Theta-Zustand = Rand des Bewusstseins (7-4 Hz)
Delta-Zustand = Tiefschlaf/Koma (4-1 Hz)

**3. Führen Sie vier Eigenschaften auf, die den Alpha-Zustand als besonderen Bewusstseinszustand auszeichnen.**

1. In Alpha takten beide Gehirnhemisphären bei circa 10 Hz gleichberechtigt zusammen.
2. In diesem Zustand ist das Gehirn programmierbar wie ein Computer.
3. Der Körper hat die größte Fähigkeit zur Reorganisation, Regeneration und Selbstheilung.
4. Durch die Nutzung des kreativen, intuitiven Potenzials denken und handeln wir authentischer und ganzheitlicher.

**4. Was verstehen wir unter einer Induktion?**

Mit Induktion bezeichnen wir in unserem Kontext die einleitende Entspannungsphase vor dem Beginn der eigentlichen Übungs-Anleitung.

**5. Warum ist es wichtig, Geführte Meditationen mit einer Entspannungssequenz einzuleiten?**

Durch die Entspannung wird die Außenwahrnehmung so weit reduziert, dass die inneren Bilder klarer hervortreten können. Man spricht in diesem Zusammenhang auch von Lockerung der Bewusstseinskontrolle.

Im Zustand des Tagesbewusstseins haben wir durch die Beta-Wellen-Dominanz nur einen begrenzten Zugang zu den Inhalten unseres Unterbewusstseins. Durch die Entspannung verringern sich die Beta-Wellen und es treten verstärkt Alpha-Wellen auf. Das bedeutet, die Dominanz der linken Gehirnhälfte verringert sich, während die rechte Hemisphäre aktiver wird. Diese Ausgewogenheit der Gehirnhälften ist Voraussetzung für erfolgreiches Visualisieren und Imaginieren.

## 8.3 Kapitel 3: Fantasiereisen

1. **Was ist eine Fantasiereise und worin besteht ihr Ziel?**
   Eine Fantasiereise ist eine angeleitete (meistens) spannungslose Geschichte, häufig mit Bildbeschreibungen aus der Natur. Sie dient der Entspannung und schafft die Möglichkeit, sich einmal wohltuend vom Alltagsgeschehen zu distanzieren, zu entspannen und neue Kraft aus schönen Bildern zu schöpfen.

2. **Welche Reaktionen kann es bei den Teilnehmern hervorrufen, wenn die Anleitungen zu viel Text beinhalten?**
   Sie steigen innerlich aus, lassen ihren eigenen Film ablaufen oder schlafen einfach ein.

3. **Welche Reaktionen kann es in den Teilnehmern hervorrufen, wenn die Geführte Meditation zu viele detaillierte Vorgaben hat?**
   Sie schalten ab und lassen ihren eigenen inneren Film ablaufen oder schlafen einfach ein. Sie versuchen verkrampft die eigenen inneren Bilder zu unterdrücken und haben das Gefühl, etwas falsch zu machen, was Stress in ihnen erzeugt.

4. **Grundsätzlich sollte in Geführten Meditationen sparsam mit Worten umgegangen werden. In welchem Fall hingegen sollten Sie etwas ausführlicher anleiten?**
   Bei ungeübten Personen.

5. **Was gilt für den Einsatz von Adjektiven?**
   Sie sollten zurückhaltend und zielgerichtet eingesetzt werden.

6. **Wir sprachen im Zusammenhang mit den Formulierungen von Inkongruenzen, Brüchen und heiklen Elementen.**
   **Bitte nennen Sie vier davon und zu jedem ein Beispiel.**
   6.1 Zwiespältige Sachverhalte vermeiden.
   Wegen möglichen Vegetarismus keinen Fleischverzehr und keine Tötung von Tieren erwähnen.
   6.2 Unüblichen Sprachgebrauch vermeiden.
   Wörter aus Mundart oder von früheren Zeiten (Stube, Kumme, Föhre).
   6.3 Fach- und Fremdwörter vermeiden.
   „Gravitätisch".
   6.4 Keine Formulierungen verwenden, die negative Gefühle auslösen können.
   „Jetzt platzt du!", „Du drehst dein Gesicht zur Erde."

7. **Wie wird ein Mensch innerhalb der Geführten Meditation vermutlich reagieren, wenn er mit Inkongruenzen, Brüchen oder heiklen Elementen konfrontiert wird?**

Das Mindeste, das passieren wird, ist, dass die Trancetiefe reduziert wird, weil die Irritationen das Denken anregen.

Im ungünstigsten Fall kann der Angeleitete eine mehr oder weniger unangenehme, vielleicht sogar ängstigende Übung erleben.

8. **Ist es sinnvoll, in Fantasiereisen die Elemente Wärme, Schwere und Ruhe des Autogenen Trainings einzusetzen?**

✓ Ja      ◯ Nein

9. **Warum sollten Sie im Zusammenhang mit Naturbeschreibungen nicht den Begriff *Antennen* verwenden?**

Die Verwendung stellt in diesem Zusammenhang einen Bruch dar, weil *Antennen* ein technischer und kein biologischer Begriff ist. Diese Unlogik könnte unnötigerweise das Denken anregen und damit die Trancetiefe vermindern.

10. **Was ist ein „Feld-Test" und wozu dient er?**

Feld-Test bedeutet, eine selbst geschriebene Geführte Meditation zumindest selbst einmal im Geiste durchlaufen zu haben, bevor man sie in einer offiziellen Gruppe oder Einzelsitzung anleitet. Noch besser ist es, vorher einen Probedurchgang mit Freunden oder Familienmitgliedern zu machen. Die anschließenden Verbesserungsvorschläge können grobe Fehler vermeiden helfen und der Meditation den „letzten Schliff" geben.

11. **Welche Wirkung haben Formeln des Autogenen Trainings, wenn sie in Geführten Meditationen eingesetzt werden?**

Sie vertiefen den Entspannungszustand und fördern die Regeneration.

12. **Wieso sollten wir sehr vorsichtig beim Einsatz von Suggestionen sein?**

Wer kein Fachmann für Psychologie oder Psychotherapie ist, kann die Auswirkungen nicht abschätzen, die bestimmte Suggestionen auf das Unterbewusstsein einer Person – und damit letztendlich auf ihr Leben haben.

## 8.4 Kapitel 4: Imaginationen

1. **Wozu dienen Imaginationen?**
   Imagination ist ein Weg zur Wahrnehmung von Inhalten unseres Unterbewusstseins, die sich in Bildern ausdrücken. Diese Bilder können unsere Entwicklung entweder fördern oder hemmen.
   Die Imagination ist sozusagen der Vermittler zwischen unserem Bewussten und Unbewussten und zwischen Körper und Seele.
   Man erfährt mehr über die Beziehung zu sich selbst, zu anderen und zu seiner Mitwelt.
   Imaginieren setzt gebundene Energien frei und ermöglicht Veränderungen und Grenzüberschreitungen auf eine ganz natürliche Weise.

2. **Warum oder wodurch erleichtert uns das Wachträumen die Auseinandersetzung mit dem, was wir im Leben als problematisch empfinden?**
   Die Auseinandersetzung mit dem, was uns innerlich bewegt und antreibt, wird dadurch erleichtert, dass diese Sachverhalte in Bilder oder ganze Geschichten umgesetzt werden, was ihnen einen Objektcharakter verleiht. Das, was in uns lebendig ist, kann also aus einer „sicheren Distanz" erlebt, verarbeitet und integriert werden.

3. **Was geschieht mit unserem Gehirn, wenn wir öfter imaginieren?**
   Indem wir häufiger und bewusster imaginieren, schaffen wir mehr Gleichgewicht zwischen den beiden Gehirnarealen und können unsere Potenziale besser nutzen.

4. **Was sagen unsere inneren Bilder über uns aus?**
   Bilder sagen etwas über unsere jeweilige Befindlichkeit aus. Sie zeigen, wo wir in unserer Entwicklung gerade stehen und mit welchen Problemen wir zu kämpfen haben. Außerdem drücken sie unsere innersten Wünsche und Hoffnungen aus – auch die, die uns vielleicht bislang nicht bewusst waren.

5. **Nennen Sie mindestens vier Beispiele für positive Auswirkungen regelmäßigen Imaginierens auf unser Leben.**
   1. Durch die Bilder im Inneren wird uns viel über unsere Beziehung zu uns selbst bewusst – wir lernen, uns besser zu verstehen.
   2. Unser Verständnis von uns selbst und der Welt wird deutlicher.
      Mehr Nähe zu den eigenen Emotionen wird möglich.

3. Es kann mehr Abstand zu negativen Vorstellungen von sich selbst genommen werden.
4. Befreiung von Gefühlen, die an belastende Bilder gebunden waren.
5. Anstelle fixierter Vorstellungen eröffnen sich uns mehr Perspektiven des Erlebens und zum Handeln.
6. Wesentliche Aspekte der Persönlichkeit, die bislang verborgen waren, können erkannt und ins Leben integriert werden.
7. Verbesserung des Selbstgefühls und der gesamten Lebenshaltung durch die Erfahrung schöpferischer Persönlichkeitsveränderung.
8. Zuwachs an Hoffnung und Nachlassen von Ohnmachtsgefühlen in schwierigen Lebenssituationen, weil erfahrbar wird, dass Überschreitungen von Grenzen möglich sind, dass sich Gefühle und Situationen ändern können und die Zukunft offen ist und selbst gestaltet werden kann.
9. Verbesserung der Selbstwahrnehmung von Körper, Gedanken und Gefühlen.
10. Verbesserte Konzentrationsfähigkeit.
11. Anregung der Selbstheilungskraft.

**6. Beschreiben Sie in einem Satz präzise, was ein Symbol ist.**
Ein Symbol ist ein Bedeutungsträger, der komplexe, ahnungsreiche, bedeutungsschwangere Sachverhalte oder Aussagen in ein Bild fasst – im wahrsten Sinne des Wortes ein „Sinn-Bild".

**7. Warum ist es so schwierig, Symbole zu deuten?**
Weil Symbole sehr komplex sind und je nach Kontext, in dem sie auftreten, eine Menge unterschiedlicher Deutungsmöglichkeiten zulassen.

**8. Wodurch können Wachtraumprozesse angeregt werden?**
**Nennen Sie mindestens drei Beispiele.**
- eine Körperempfindung (z.B. Atembeklemmung, Schmerzen)
- die momentane Grundgestimmtheit
- Worte und Begriffe bildhaften Ursprungs, Metaphern
  (zum Beispiel: „Mir sitzt die Angst im Nacken",
  „Ich fühle mich in die Enge getrieben")
- Visualisierung einer bestimmten Konfliktsituation
- Bilder aus Träumen oder Träume „weiterträumen"

**9. Erklären Sie in einem Satz, was eine Intervention ist.**
Eine Intervention ist ein steuernder oder regulierender Eingriff in ein Geschehen.

**10. Was verstehen wir unter dem „inneren Begleiter"?**
Wir weisen der Figur des inneren Begleiters einen Anteil unserer selbst zu. Einen Anteil in uns, der bereits erlöst ist, weil er als „Held" schon viele Gefahren erfolgreich überstanden hat und uns von daher ein hilfreicher Freund sein kann. Vielleicht steht er auch mit höheren Aspekten unseres Daseins oder mit der kollektiven Weisheit in Verbindung.

**11. Wen oder was bezeichnen wir als den „inneren Richter"?**
Einen Komplex in unserem Unterbewusstsein, der uns fortwährend verurteilt und unser Selbstwertgefühl untergräbt.

**12. Haben die Erscheinungen von Engeln, Geistwesen und Ähnlichem während der Imagination eine eigenständige Existenz?**
○ Ja     ○ Nein     ✓ Das ist nicht bekannt

**13. Benennen Sie die drei Schritte der „Triade der Selbstkontrolle".**
*Erster Schritt:* Sobald selbstzerstörerische Dialoge bemerkt werden, laut oder in Gedanken „Stopp!" sagen.
*Zweiter Schritt:* Entspannen durch tiefes, ruhiges Atmen.
*Dritter Schritt:* Sich eine angenehme hilfreichere Situation visualisieren.

**14. Wieso ist es wichtig, Bilder anzuschauen und mit ihnen zu arbeiten, anstatt ihnen auszuweichen?**
Weil wir auf diesem Wege mehr Autonomie erlangen und mehr über uns selbst erfahren können, um erfüllter zu leben.

**15. Was verbirgt sich in der Regel hinter bedrohlichen Erscheinungen, die während der Imagination auftauchen können?**
Bedrohliche Erscheinungen sind verdrängte Anteile unserer selbst, Seiten unseres Wesens, die mit uns leben möchten, die wir aber aus irgendeinem Grund nicht mitleben lassen.

**16. Was ist mit „Mut zur Angst" gemeint?**

Es geht darum, sich den Dingen zu stellen, die uns Angst machen, um durch deren Überwindung stärker und klarer zu werden.

**17. Warum sollten Sie beim Anleiten vom Einsatz „magischer Gegenstände" Abstand nehmen?**

Weil die Verwendung dieser Wunderwaffen auch eine Flucht- oder Bemäntelungs-Taktik sein kann – es sei denn, sie tauchen spontan als Bild beim Angeleiteten auf.

**18. Warum kann es hilfreich sein, wenn Sie für die Zeit der Anleitung vorübergehend in die Rolle einer Mutter- oder Vaterfigur schlüpfen?**

Das bedeutet, für die Zeit der Anleitung zur Schutzfigur zu werden, die Sicherheit und Orientierung bietet. Manche Menschen können sich tiefer auf ihre inneren Bilder einlassen, wenn sie das Gefühl haben, dass jemand über sie wacht.

## 8.5  Kapitel 5: Die fünf Phasen des Anleitens

1. **Was verstehen wir unter dem Begriff „Trance"?**
   Trance ist ein allgemeiner Begriff, der synonym (stellvertretend) für unterschied-
   lich tiefe Entspannungszustände verwendet wird.
   Man unterscheidet zwischen leichter, mittlerer und tiefer Trance.

2. **Was machen Sie mit einer Person, die Schwierigkeiten damit hat, sich in Trance fallen**
   **zu lassen, die nicht „abschalten" kann?**
   Ich mache zunächst eine körperliche Entspannungsübung mit ihr, zum Beispiel
   einen Durchgang Progressive Muskelentspannung. Durch die Entspannung des
   Körpers entspannt sich auch der Geist.

3. **Können Ihre Seminarteilnehmer die Qualität Ihrer Arbeit fachlich beurteilen?**

   ○  Ja      ✓  Nein

   **Begründen Sie Ihre Antwort.**
   Sie haben keine Anhaltspunkte, keine Parameter für eine fachliche Beurteilung
   unserer Arbeit, da sie nicht entsprechend ausgebildet sind. Was sie sagen können, ist, ob ihnen persönlich eine Übung gefallen hat oder nicht und ob sie sich
   wohlgefühlt haben oder nicht.

4. **Aus welchem Grund folgen wir bezüglich der Teilnehmer-Informationen dem Grund-**
   **satz: So wenig wie möglich, so viel wie nötig?**
   Es zeichnet Fachleute aus, wenn sie das, was sie tun, in wenigen Worten präzise
   formulieren können.
   Manche Menschen werden verwirrt oder sogar verängstigt, wenn sie mit zu vielen Informationen überschüttet werden. Im besten Fall sind sie nur gelangweilt
   oder angenervt – im ungünstigsten Fall nehmen sie möglicherweise Abstand
   von einer Teilnahme an unseren Angeboten

5. **Zu Beginn einer Geführten Meditation geben wir den Teilnehmern eine Orientierung,**
   **die aus neun Schritten besteht.**
   **Bitte zählen Sie diese in der richtigen Reihenfolge auf.**
   1. kurzes Vorstellen der eigenen Person
   2. persönliche Anrede klären
   3. erfragen von gesundheitlichen Beeinträchtigungen
   4. kurze Beschreibung der folgenden Übung

5. Einverständnis zur Durchführung erfragen
6. Lageveränderung ermöglichen
7. Ausstiegsofferte geben
8. zeitliche Orientierung geben
9. Frage nach Fragen

**6. Sie würden die Teilnehmerinnen und Teilnehmer einer Gruppe gerne duzen. Wie formulieren Sie dieses Ansinnen?**

„Üblicherweise duzen wir uns in diesen Seminaren hier. Wäre das auch für Sie in Ordnung?"

**7. Wieso sollten wir vor Beginn einer Geführten Meditation erfragen, ob es Allergiker oder Personen mit gesundheitlichen Einschränkungen gibt?**

Um problematische Situationen zu vermeiden – oder zumindest darauf vorbereitet zu sein, dass das eine oder andere Problem auftauchen könnte.

**8. Wieso ist es wichtig, vor der Anleitung eine zeitliche Orientierung zu geben?**

Damit die Teilnehmer nicht während der Übung mit der inneren Frage abgelenkt sind, wie lange das Ganze noch dauert.

**9. Wie können Sie Ihrer Stimme während des Anleitens mehr Tiefe, Wohlklang und Ruhe verleihen?**

Aus dem Bauch und nicht aus der Kehle heraus sprechen.

**10. Warum kann es problematisch sein, wenn man Geführte Meditationen frei nach Gefühl anleitet, anstatt sie vorzubereiten und abzulesen?**

Die Gefahr von Fehlformulierungen ist sehr groß. Haben wir erst einmal etwas ausgesprochen, können wir es nicht mehr zurücknehmen. Beim freien Formulieren muss eine hohe Konzentration auf das Anleiten verwendet werden, die von der Konzentration auf die einzelnen Teilnehmer und den Gruppenprozess ablenkt.

**11. Wie können wir mit Personen arbeiten, die bei den Übungen regelmäßig einschlafen?**

Zunächst die Bedeutung des Wachbleibens erklären. Wir sollten sie vorerst die Übungen im Sitzen ausführen lassen, bis sie gelernt haben, die Wachheit des Bewusstseins zu halten.

**12. Was ist „evokative" Musik?**
Eine Musik, die das bildliche und emotionale Erleben anregt.

**13. Was verstehen wir im Zusammenhang mit Geführten Meditationen unter einer Induktion?**
Eine Induktion ist die verbale Einleitung einer Trance.

**14. Wenn wir eine bestimmte Induktion in einer Gruppe anwenden – ist die Trance dann bei jeder Person gleich tief?**

○  Ja      ✓  Nein

**15. Von welchen Faktoren hängt die Trance-Tiefe ab?**
Von
⋯⋗ der Suggestibilität einer Person
⋯⋗ der Grundsituation
⋯⋗ der räumlichen Situation
⋯⋗ der Person des Anleitenden
⋯⋗ den übrigen Teilnehmern
⋯⋗ der Tagesform der Person
⋯⋗ der Stimmführung des Anleitenden
⋯⋗ der Länge der Einleitung
⋯⋗ dem Wortlaut des Einleitungstextes

**16. Warum ist das fachgerechte „Herausführen" nach einer Trance so wichtig?**
Es bewirkt eine „Umstellung" vom Trance-Modus auf den Modus des normalen Tagesbewusstseins.

**17. Was kann passieren, wenn die Rücknahme von Suggestionen nicht ausreichend war – oder ausgeblieben ist?**
Es können Schwindel und Benommenheitsgefühle auftauchen sowie körperliche Missempfindungen.

**18. Wieso ist die Aussprache hinterher für die meisten Menschen so wichtig?**
Das innere Erleben in Worte zu fassen hilft, es bewusst zu machen, zu bearbeiten und zu integrieren.

19. **Welche Ausdrucksformen, außer der mit Worten, kennen Sie noch, um dem inneren Erleben „Gestalt" zu geben?**

···⊁ Schreiben

···⊁ Malen

···⊁ Formen von Gegenständen aus Knete oder Ton

···⊁ Ausdruckstanz

···⊁ Instrumente (z.B. Trommeln)

···⊁ Schweigen

20. **Wie heißt die bewährte Methode für einen sauberen Gesprächsumgang in Gruppen und wer hat sie entwickelt?**

TZI (Themenzentrierte Interaktion) – sie wurde von Ruth Cohn entwickelt.

## 8.6 Kapitel 6: Mit besonderen Situationen umgehen

1. **Warum sollten Sie bei Geführten Meditationen die Zeit großzügig bemessen?**
   Weil es immer mal zu unvorhersehbaren Situationen kommen kann, die etwas mehr Zeit benötigen. Außerdem sollten die Teilnehmerinnen die Möglichkeit haben, das Erlebte hinterher auszudrücken.

2. **Wie gehen Sie damit um, wenn ein Teilnehmer an einer Übung nicht teilnehmen möchte?**
   Grundsätzlich akzeptieren und respektieren wir seine Grenzen. Er sollte nicht dazu manipuliert (Gruppenzwang) oder „überredet" werden, trotzdem mitzumachen.

3. **Wo kann die Ursache dafür liegen, dass eine Person glaubt, keine Bilder „sehen" zu können?**
   In der falschen Vorstellung vom „Sehen". Beim Imaginieren geht es nicht um *optisches Sehen*, sondern um „Wahrnehmen". Dies kann zum Beispiel auch bedeuten, dass man nur eine „Ahnung" von etwas hat.

4. **Wie gehen Sie damit um, wenn eine Teilnehmerin in Ihrem Kurs einen Weinkrampf bekommt?**
   Ich entscheide das grundsätzlich je nach Situation. Möglicherweise gehe ich zu ihr und gebe ihr ein Taschentuch. Vielleicht lege ich auch eine Hand tröstend auf ihren Arm. Es gäbe unter Umständen auch die Möglichkeit, sie zu fragen, ob sie darüber reden möchte. Ich könnte die Person auch in die Arme nehmen – nachdem ich zuvor gefragt habe, ob das okay wäre.

5. **Was tun Sie in solch einer Situation keinesfalls?**
   Die Person zu diagnostizieren oder zu interpretieren, die Situation zu bemänteln, zu bagatellisieren oder Ähnliches.

6. **Worauf sollten Sie in solchen Situationen achten?**
   Dass sie nicht zur einer Psychositzung werden, die das eigentliche Thema der Veranstaltung unter sich begräbt. Und: Dass eine Person sich mit ihren Problemen nicht ständig in den Mittelpunkt der Gruppe bringt.

**7. Was machen Sie, wenn ein Teilnehmer nach der Übung nicht mehr ins Wachbewusst-sein zurückkommt?**

In solch einem Fall können Sie die Herausnahme noch einmal lauter, deutlicher und dynamischer – und eventuell etwas ausführlicher – wiederholen. Sollte das immer noch nicht funktionieren, können Sie die Person sanft an der Schulter berühren und sie leise ansprechen, bis sie reagiert.

**8. Welche Körperempfindungen können in Meditationssitzungen auftauchen?**

Kribbeln, Unruhe, Schmerzen, Taubheit, Hitze, Kühle, das Gefühl, schief zu sitzen oder sogar sich aufzulösen.

**9. Sind diese Empfindungen bedrohlich?**

○ Ja   ✓ Nein

**10. Was tun Sie, wenn jemand Klärung über starke psychische oder spirituelle Erlebnisse haben möchte, die er während der Anleitung hatte und die Ihr Wissen und Ihre Erfah-rung überfordern?**

Ich verweise ihn an Fachleute: einen Psychotherapeuten, einen transpersonal ar-beitenden Therapeuten oder an den Dachverband der Stressbewältigungs- und Entspannungstherapeuten Deutschlands, die Deutsche Gesellschaft für Medita-tionskultur e.V. (DGMK).

## 8.7 Kapitel 7: Kontraindikationen

1. **Welche beiden Formen von Gegenanzeigen unterscheiden wir?**
   a) absolute
   b) relative (Problembewusstsein)

2. **Nennen Sie Beispiele für absolute Gegenanzeigen.**
   Persönlichkeitsstörungen (Psychosen, starke Neurosen), Einnahme von Psychopharmaka, Einnahme von Drogen, akute Alkoholkrankheit.

3. **Nennen Sie Beispiele für relative Gegenanzeigen.**
   Starke Allergien, Asthma, Schwangerschaft, Herzerkrankungen.

4. **Kann man als Laie Persönlichkeitsstörungen auf den ersten Blick erkennen?**
   ○ Ja   ✓ Nein

5. **Wie können Sie erfahren, ob sich eine Person in psychiatrischer Behandlung befand oder befindet? Welche Erkenntnis kann Ihnen dabei hilfreich sein?**
   Durch die Vorabbefragung, d.h. auch die Medikamente, die jemand bekommt. Ein Blick in die „Rote Liste" gibt Aufschluss über die Behandlungsfelder, bei denen ein Mittel eingesetzt wird.

6. **Sie haben gelernt, dass Alkoholkrankheit nicht per se eine Kontraindikation darstellt. Wieso ist sie es in unserem Fall jedoch trotzdem?**
   Es geht in unserem Zusammenhang nur darum, dass Körper und Geist von Abhängigen unvorhersehbar auf den Entspannungszustand reagieren könnten und Reaktionen hervorbringen, die für uns problematisch werden.

7. **Wieso kann das Vorhandensein einer Allergie bei einem Menschen eine Kontraindikation darstellen?**
   Weil bereits der Gedanke an einen Allergieauslöser einen anaphylaktischen Schock auslösen kann (z.B. blühende Sommerwiesen).

8. **Wieso führen wir „Schwangerschaft" bei Gegenanzeigen auf?**
   Sollte die Frau während oder nach der Entspannungsarbeit ihr Kind verlieren – unabhängig von den wirklichen Ursachen – könnte die Neigung bestehen, die Seminarleiterin dafür verantwortlich zu machen.

**9. Welche kritischen Themen gibt es noch, bei denen aufgepasst werden sollte?**
Ist jemand dabei, der an Höhenangst oder Klaustrophobie leidet oder Nicht-schwimmer ist? Dann sollten Fantasiereisen vermieden werden, die entsprechende Themen beinhalten.

**10. Wenn wir unsicher sind, gibt es eine „Instanz", auf die wir hören sollten. Welche ist das?**
Das „Bauchgefühl". Gibt es ein Grummeln, ein schlechtes Gefühl: Kontraindikation!

**11. Recherchieren Sie: Was sind Bachblüten-Essenzen?**
Bachblüten-Essenzen wurden von Dr. Edward Bach entwickelt. Es handelt sich dabei um verschiedene Blüten, die jeweils in Wasser eingeweicht oder ausgekocht werden und durch diesen Vorgang ihre energetischen Kräfte an das Wasser abgeben. Dieses Wasser wird anschließend als „Ur-Tinktur" in „Stock-Bottles" (Vorratsflaschen) abgefüllt. – Die Wirkungsweise von Bachblüten ist der homöopathischer Medikamente ähnlich.

**12. Wie können Bachblüten-Rescue-Tropfen im Notfall angewendet werden?**
Innerlich und/oder äußerlich, pur und mit Wasser verdünnt.

# 9. Musteranleitungen und -formulierungen

Hier finden Sie einige gebrauchsfertige Beispiele für Induktionen, Fantasiereisen, Imaginationen und Rückholphasen, die Ihnen zeigen, wie Sie das Wissen und die zahlreichen Informationen, die Sie in diesem Buch erlangt haben, konkret in der Praxis umsetzen können.

Die Anleitungstexte sind als Formulierungsvorschläge zu verstehen. Sie können sie so verwenden, wie sie sind, oder sie nach Lust, Laune und Erfahrung variieren. Leonardo da Vinci sagte einst: „Wenn es nur eine Wahrheit gäbe, könnte man nicht hundert Bilder zum selben Thema malen." Es gibt vielleicht sogar tausend Wege, Dinge zu tun – aber garantiert unzählige Möglichkeiten, eigene Anleitungen zu formulieren.

Unsere Absolventen der Stressbewältigungs- und Entspannungstherapie® nehmen die folgenden Texte gerne als Vorlagen und modifizieren sie nach eigenem Geschmack. Im Internet und in Fachbüchern finden Sie zahlreiche weitere Vorlagen zum Modifizieren.

Spulen Sie die Texte beim Anleiten nicht ab, sondern lassen Sie zwischen einzelnen Sätzen Zeit zum Entstehenlassen von Bildern, zum Nachspüren und zum Entspannen.

## 9.1 Orientierungs-/Einleitungstext (komplett)

Guten Tag, schön dass Sie da sind.

Mein Name ist ... Ich bin Stressbewältigungs- und Entspannungstherapeutin und in unserem Hause für den Bereich der Entspannungs-Kurse zuständig.

Üblicherweise duzen wir uns in diesen Seminaren hier. Wäre das auch für Sie in Ordnung?

Bevor wir beginnen, muss ich noch wissen: Leidet irgendjemand von Ihnen unter Erkrankungen, seelischen Beeinträchtigungen, Allergien oder Ängsten oder sonst etwas, das ich als Seminarleiterin wissen sollte?

In der jetzt folgenden Geführten Meditation versetze ich Sie in einen körperlichen und geistigen Entspannungszustand und lasse Sie in Ihrer Fantasie eine Reise ans Meer machen. Sie werden dort ins warme Wasser eintauchen und einen wunderbaren Schatz finden. Diese Übung hilft Ihnen dabei, einmal völlig abzuschalten und über das Erleben schöner innerer Bilder neue Kraft zu schöpfen.

Können Sie sich vorstellen, sich darauf einzulassen?

Während der Übung können Sie jederzeit Ihre Körperhaltung verändern und bitte, fühlen Sie sich frei, Ihre Körpergeräusche zuzulassen – denn das ist menschlich und völlig in Ordnung.

Wenn Ihnen diese Übung nicht behagt, können Sie jederzeit innerlich aussteigen. Ich möchte Sie bitten, in solch einem Fall einfach die Augen zu öffnen und still an Ihrem Platz abzuwarten, bis die anderen fertig sind.

Diese Übung dauert zirka 25 Minuten.

Möchte noch jemand etwas fragen, bevor wir beginnen?

## 9.2 Induktionen

### Leichte Trance (Entspannung)

Du liegst bequem und entspannt auf der Unterlage und kommst langsam zur Ruhe.

. . .

Fühle nach, ob du wirklich gemütlich liegst.
Wenn nicht, verändere noch mal deine Haltung.

. . .

Wenn du magst, kannst du jetzt die Augen schließen.
Atme einige Male tief durch.
Konzentriere dich auf deine Atmung und spüre mit jedem Atemzug, wie dein Bauch sich hebt und senkt.

. . .

Mit jedem Atemzug lasse etwas mehr von deiner inneren Spannung los.

. . .

Der Alltag hat jetzt Pause.

. . .

Du achtest einfach nur auf deinen Atem –
und darauf, dass du dich mehr und mehr entspannst.

. . .

Ich beginne jetzt mit dem Anleiten der Übung.


### Mittlere Trance I.[28]

Mache es dir bequem, suche dir eine wohlige Position, in der du dich ganz entspannen kannst und gleichzeitig völlig bewusst bleibst. Stimme dich ein, auf eine Zeit der Ruhe und Entspannung, in der du ganz mit dir in Kontakt sein kannst.
Sollte dir deine Position zwischendurch unbequem sein,
kannst du sie jederzeit verändern.
Wenn du bereit bist, schließe jetzt die Augen.

---

28   Nach einer Idee von Ole Schaffenberger, Soz.-Päd., Ausbildung Stressbewältigungs- und Entspannungstherapie, 2005.

Du kannst wählen, wie du die Zeit mit dir verbringen willst:
Ob du einfach nur daliegst und deine Gedanken und Gefühle wahrnimmst, die
aufsteigen und wieder verblassen –
oder ob du dich anregen lassen möchtest von meiner Stimme,
den Worten und Bildern zu folgen.
Atme jetzt betont dreimal tief ein und aus.
Wenn du magst, stelle dir dabei vor, dass du bei jedem Ausatmen Ballast und Anspannung abgibst.
Spüre in deinen Körper hinein und nimm wahr, an welchen Stellen du in Kontakt
mit der Erde bist.
Nun beginne damit, zu spüren, wie sich deine Beine anfühlen –
das Gewicht der Beine loslassen und der Erde anvertrauen.
Vielleicht kannst du spüren, wie es deinem Körper ganz alleine gelingt, mehr und
mehr loszulassen, mehr und mehr zu entspannen, einfach nur dadurch, dass du ihm
deine Aufmerksamkeit schenkst.
Wandere nun mit deiner Aufmerksamkeit etwas höher hinauf zum Beckenraum
und zu deinen Hüften.
Spüre auch hier die Schwerkraft und spüre nach, was du der Erde anvertrauen
kannst.
Erspüre als Nächstes deine Wirbelsäule, Stück für Stück, von unten bis ganz nach
oben.
Und je länger du in diesem Zustand der Aufmerksamkeit verweilst, desto leichter
fällt es dir vielleicht, diesen Zustand von Wohlempfinden und Frieden in dir zu
genießen.
Richte jetzt deine Aufmerksamkeit auf deinen Bauch und deinen Brustraum und
erspüre deinen Atem, wie er sanft fließend deinen Bauch bewegt und dich hin und
her wiegt, so dass du ganz ruhig werden und mehr und mehr zu dir finden kannst
– ganz gelöst, eins mit deinem Atem, der immer ruhiger und tiefer und entspannter
werden darf.
Und während dich dein Atem weiter schaukelt, spüre deine Schultern und deinen
Nacken.
Lasse deinen Atem in diese Bereiche strömen und mehr und mehr Anspannung
lösen, bis dein Nacken und deine Schultern weich und nachgiebig werden.
Nimm wahr, wo dieses tiefe Gefühl der Entspannung in deinem Körper bereits
mehr werden, sich ausbreiten kann – an den Beinen entlang zu deinem Becken und
Oberkörper, an deinen Armen hinauf bis zu deinem Kopf.
Spüre nach, wie sich dein Gesicht anfühlt und was du in diesem Bereich noch los-
lassen kannst.
Deine Stirn ganz glatt, deine Augenlider, deine Wangen weich und entspannt, deine
Kiefer gelöst und gelockert.
. . .

Und genau so, wie du die Tür eines Zimmers hinter dir schließen kannst, um ganz für dich allein zu sein, so kannst du jetzt auch deine innere Tür hinter dir schließen und den Alltag draußen lassen, bis du wieder Zeit für ihn hast.

Die Gedanken dürfen für eine Weile schweigen und still sein, während es auch in dir ganz still werden kann.

Dein Atem wird tiefer und ruhiger und leitet dich nun in die Welt deiner inneren Bilder hinüber.

## Mittlere Trance II (Stille)

Du liegst ruhig und entspannt auf deiner Unterlage.

Führe ein paar bewusste Atemzüge durch und lockere mit jedem Ausatmen deine Muskeln ein wenig mehr.

Schließe deine Augen.

Jetzt, wo die Augen geschlossen sind, kannst du bemerken, dass andere Sinne deutlicher werden.

. . .

Richte deine Aufmerksamkeit auf das Hören.

Nimm bewusst alle Geräusche um dich herum wahr.

Was hörst du?

. . .

Dann lausche nach außen.

Welche Geräusche von außen dringen an dein Ohr?

. . .

Nun versuche, die Stille wahrzunehmen, die hinter dem Klangteppisch von allen Geräuschen vorhanden ist.

. . .

Spüre, erfühle die Stille – mit deinem ganzen Körper.

. . .

Versuche diese Stille einzufangen – und verteile sie in deinem Körper.

Und nimm wahr, wie sie sich überallhin ausbreitet, in jeden Teil deines Körpers.

Lasse deinen Körper von dieser Stille erfüllt sein.

Stille in deinen Armen und Beinen, Stille in deinem Rücken und in deinem Bauchraum – und Stille in deinem Kopf.

. . .

Diese Stille ist so friedlich. Sie entspannt dich mehr und mehr und bringt dich mehr und mehr zur Ruhe.

. . .

Dein Körper und dein Geist sind nun völlig ruhig und von tiefer Gelassenheit erfüllt.

. . .

Aus dieser Stille heraus beginnen wir jetzt unsere Fantasiereise.

## Mittlere bis tiefe Trance III (Klang-Entspannung)

*Anmerkung: Für diese Sequenz brauchen Sie eine oder mehrere Klangschalen und einen möglichst dicken, weichen Filzklöppel – oder Sie untermalen die Induktion mit den Klangschalen-Klängen von einer CD[29].*

Mache es dir bequem, sodass du einige Zeit entspannt liegen kannst.
Dann schließe die Augen und beobachte eine Zeit lang das Ein- und Ausströmen deines Atems.

. . .

Höre nun auf die Klänge, die diesen Raum erfüllen.

. . .

Übergebe deine Gedanken den Schwingungen der Klänge und lasse sie sich mit ihnen auflösen.

. . .

Ein Strom von Klängen umspült deinen Körper und hüllt ihn ein.

. . .

Und dann spürst du, wie die Klangwellen deinen Körper durchfluten und in ihm weiterschwingen wie die Wellen kleiner Steine, die in einen See geworfen wurden.
Diese Wellen erreichen jede deiner Zellen und entspannen sie.
Sanft treibt dein Körper im Strom dieser Schwingungen –
wird selbst Klangkörper.

. . .

Jede mögliche Verspannung löst sich auf, sobald die Töne der Klangschalen sie erreichen.

. . .

---

29   Klangschalen-CD-Tipp: Deuter: *Nada Himalaya.*

Die Klangschwingungen durchströmen
deine Arme,
deine Beine,
deine Schultern,
deinen Rücken,
deinen Bauchraum,
und dein Gesicht,
deine Gedanken
. . .

Du liegst weich entspannt und wohlig warm auf der Unterlage.
. . .

Wie schwerelos schwebt dein Körper auf den Wellen aus Klängen, die ihn forttragen in die Welt des Inneren.

*(Die Klänge hier ausklingen lassen beziehungsweise ausblenden.)*

## Tiefe Trance (lange Version)

Ich lade dich jetzt dazu ein, es dir ganz bequem zu machen.
Lege dich gemütlich hin, so, wie du am besten entspannen kannst
und dabei trotzdem ganz bewusst bleibst.
Und vielleicht bemerkst du, wie es deinem Körper ganz von selbst gelingt, die Position zu finden, in der er mehr und mehr loslassen kann, in der er dich mehr und mehr dir selbst überlassen kann
und du ganz zur Ruhe findest.
Und dann spüre einmal ganz bewusst in deinen Körper hinein –
wie du so da liegst.
Richte deine Aufmerksamkeit auf deine Beine –
spüre, wo deine Beine auf der Unterlage aufliegen –
spüre auch deine Füße, deine Waden, deine Knie und deine Oberschenkel.
Und während du nach und nach diese Stellen erfühlst,
stellst du fest, dass es deinem Körper ganz von alleine gelingt,
sie alle mehr und mehr loszulassen – mehr und mehr zu entspannen,
einfach nur dadurch, dass du ihnen deine Aufmerksamkeit schenkst.
Und während du spürst, wie deine Beine mehr und mehr loslassen können, wandert dein Bewusstsein weiter zu deinem Po,
zu deinen Hüften und deinem Beckenraum – und vielleicht spürst du,
wie dein Po auf der Unterlage aufliegt.
Dann erspürst du deine Wirbelsäule – Stück für Stück, von unten bis ganz nach oben.

Während du so liegst, kannst du spüren, wo die Wirbelsäule aufliegt und wo nicht –
und du fühlst, wie du auch hier jetzt mehr und mehr loslassen und entspannen kannst.
Und dann richtest du deine Aufmerksamkeit auf deinen Bauch und deinen Brust-raum und du spürst deinen Atem,
der diesen Bauch sanft hebt und senkt
und der dich schaukelt wie in einem Boot auf dem See
oder wie ein kleines Kind in der Wiege,
sodass du ganz ruhig sein kannst und mehr und mehr zu dir finden kannst – ganz gelöst –
und wie du ganz entspannt bei dir bist, im Hier und Jetzt,
ganz eins mit deinem Atem, der immer ruhiger und tiefer und entspannter wird.
Und vielleicht entdeckst du auch,
wie du mit jedem Ausatmen ein bisschen mehr von deiner inneren Verspannung oder von deinen Sorgen einfach mit hinausatmen kannst – dich ganz freiatmen kannst,
und vielleicht kannst du wahrnehmen,
wie bei jedem Ausatmen alles Belastende über deinen Körper hinunterströmt bis zu deinen Füßen und wie die Erde all das aufnimmt,
um daraus neue Kraft zu gewinnen –
sodass du es fließen und strömen lassen kannst –
einfach abgeben und loslassen,
und wie du vollkommen ruhig und ganz gelöst werden kannst.
Und während dich dein Atem weiterschaukelt,
spürst du deine Schultern und deinen Nacken,
und vielleicht sind gerade das Stellen,
die tagsüber sehr leicht verspannt sind, wenn du angestrengt bist.
Und du spürst, wie du deinen Atem jetzt auch durch diese Bereiche strömen lassen kannst –
um mehr und mehr jede noch vorhandene Anspannung zu lösen –
bis der ganze Bereich leicht und weich ist.
Richte nun deine Aufmerksamkeit auf deinen Kopf,
dein Gesicht, deine Augenlider und auf deine Wangen.
Die Entspannung strömt auch dorthin über
und auch dein Kinn und deine Zunge sind ganz gelöst und entspannt,
und tiefer Frieden und eine intensive strömende Ruhe kehren ein,
bis mehr und mehr nur noch dieser Augenblick zählt.
Und genauso wie du die Tür eines Zimmers hinter dir schließen kannst, um ganz für dich allein zu sein,
genauso kannst du jetzt auch deine innere Tür hinter dir schließen.

Der Alltag bleibt draußen, bis du wieder Zeit für ihn hast.
Die Gedanken dürfen eine Weile schweigen und still sein –
während es auch in dir ganz still wird
und nichts mehr zählt außer dir selbst, deinem Dasein,
deinem Atem, der tiefer und ruhiger wird
und der dich mehr und mehr hinüberbegleitet in die Welt der Stille,
die du erleben möchtest, um neue Kraft für dich zu gewinnen.
Und so darfst du jetzt ganz bei dir selbst sein –
ganz ruhig sein –
und ganz frei von all dem, was dich sonst beschäftigt,
nur noch du selbst – ruhig und entspannt und ganz gelöst,
ganz bei dir – hier und jetzt, da sein – einfach nur sein.

## Tiefe Trance mit Elementen des Autogenen Trainings

*Anmerkung: Eine weitere mögliche Form der Trance-Einleitung ist das Warm- und Schwermachen des Körpers nach Art des Autogenen Trainings. Dieses Vorgehen wird auch zur Hypnoseinduktion angewendet.*

Mache es dir bequem auf deiner Unterlage.
Recke und räkle dich noch ein wenig
und finde eine Körperstellung, die es dir ermöglicht, eine Zeit lang entspannt zu liegen.
Falls es zwischendurch unbequem werden sollte, kannst du jederzeit die Haltung verändern.
Mache ein paar tiefe, bewusste Atemzüge und wenn du bereit bist, dann schließe die Augen,
um dich deinen inneren Bildern zu überlassen.
Mit jeder Ausatmung entspannst du dich mehr und mehr.
Und mit jedem Atemzug spürst du, wie dein Bauch sich hebt und senkt.
Einatmen – ausatmen ... einatmen – ausatmen.
Alles in dir kommt langsam zur Ruhe.
Einatmen – ausatmen ... einatmen – ausatmen.
Die Gedanken werden mit jedem Atemzug ruhiger.
Einatmen – ausatmen ... einatmen – ausatmen.
Nichts ist im Moment wichtig.
Nur einatmen – und ausatmen ... einatmen und ausatmen.
Mit jedem Ausatmen sinkst du noch ein wenig tiefer in die Unterlage ein.
Einatmen – ausatmen ... einatmen – ausatmen.
. . .

Du nimmst nun ein leichtes Kribbeln in deinen Fingerspitzen wahr und kannst spüren, wie sich Wärme von den Fingerspitzen über die gesamten Handflächen ausbreitet.
Ganz warm werden deine Hände,
sie liegen nun warm und schwer auf der Unterlage.
Das warme Strömen steigt höher und macht nun beide Arme warm.
Warmes Strömen erfüllt deine Arme, angenehme Wärme.
Deine Arme liegen warm und schwer auf der Unterlage.
Die Wärme folgt meiner Stimme, wird nun in deinen Schultern spürbar und fließt in den ganzen Rücken, vom Hals bis zum Po.
Strömende Wärme erfüllt den Rücken, angenehme Wärme.
Warm und schwer liegt der Rücken auf der Unterlage –
angenehme Wärme, angenehme Schwere.
Nun wird die Wärme auch im Oberkörper und im Bauch spürbar.
Oberkörper und Bauch füllen sich an mit Wärme, strömender Wärme,
angenehmer Wärme.
Der Atem fließt leicht und mühelos, während sich die Wärme immer weiter ausbreitet.
Immer weiter strömt die Wärme, füllt das Becken und fließt in die Beine.
Auch die Beine füllen sich nun mit angenehmer Wärme.
Pulsierende Wärme, die sich bis in die Füße ausbreitet,
strömende Wärme, so angenehm.
Und die Beine werden schwer dabei, sinken tief in die Unterlage ein, während die wohlige Wärme sich ausbreitet und die Beine füllt,
und du spürst, wie die Beine warm und schwer auf der Unterlage liegen – mit jedem Atemzug wärmer und schwerer, so angenehm
. . .

Und nun wird dieses warme Strömen im ganzen Körper spürbar.
Du spürst diese angenehme, wohlige Wärme in deinem ganzen Körper und spürst auch, wie schwer er auf der Unterlage liegt –
in sie einsinkt,
mit jedem Atemzug etwas entspannter, schwerer.
Die Wärme, die Schwere ... sie bringen Ruhe, der Körper ist nun vollkommen ruhig, die Gedanken sind vollkommen ruhig.
Nur liegen – einfach liegen – atmen.
Die Gedanken sind langsam.
Die Gedanken sind nebensächlich.
Nichts ist jetzt wichtig.
Nichts wollen, nichts wünschen,
einfach nur liegen.

Du hast das Gefühl, als würdest du ein wenig sinken,
immer tiefer sinken.
So ruhig, so angenehm schläfrig,
immer tiefer sinken ... in dich sinken,
sanft wie eine Feder sinken.
Dabei so still, so friedlich,
einfach nur liegen und immer tiefer sinken.
Vollkommen gelassen, ruhig, friedlich, geborgen
kannst du dich nun in die Welt deiner inneren Bilder fallen lassen.
Du wirst meine Stimme jederzeit hören und ihr folgen können.
Du wirst dich später an alles erinnern können.

*(Diese Einleitung ist wirklich gut: Beim Schreiben musste ich ständig um meine Präsenz ringen und aufpassen, mich nicht in die Trance hineinziehen zu lassen.)*

## 9.3 Fantasiereisen/Imaginationen

Leiten Sie jede Fantasiereise oder Imagination mit einer Induktion ein und beenden Sie sie mit dem Herausführen. Die Zeitangaben beziehen sich auf die vollständige Anleitung.

### Schatzsuche[30]

*Ziel der Übung:* körperlich-geistige Entspannung und Stärkung durch das Erleben harmonischer, schöner innerer Bilder
*Dauer:* ca. 35 Minuten

Stell dir vor, du stehst an einem Strand und spürst den warmen Sand unter deinen Füßen. Vor dir liegt das blaue Meer.
Schau es dir genau an, das Meer – und beobachte das Auf und Ab der Wellen.
Dieser gleichmäßige Rhythmus bringt dich zur Ruhe.
Auf und ab ... auf und ab.
Wohlige Ruhe durchströmt deinen Körper.
Langsam gehst du mit den Füßen ins Wasser.
Wie warm das Wasser ist.
Das angenehme Gefühl lässt dich weitergehen.
Allmählich lässt du dich vertrauensvoll in das warme Wasser gleiten.
Erstaunt stellst du fest, dass dein Atem auch unter Wasser ruhig und gleichmäßig weiterfließt.
Sanft und schwerelos bewegst du dich durchs Wasser. Es trägt dich.
Schau dich um.
Vielleicht schwimmen bunte Fischschwärme an dir vorbei.
Sieh sie dir genau an.
Und du gleitest weiter, immer tiefer.
Vor dir bewegen sich Pflanzen sanft hin und her.
Etwas Glänzendes zieht deine Aufmerksamkeit auf sich.
Neugierig näherst du dich und dein Blick fällt auf eine halb im Sand eingegrabene Schatztruhe.
Voller Spannung öffnest du den Deckel, der sich leicht anheben lässt.
Und in der Truhe findest du etwas, das du dir schon immer gewünscht hast.
Genieße deine Freude.
. . .

---

30  Gemeinschaftsarbeit Ausbildung Stressbewältigungs- und Entspannungstherapie, Juli 2004.

Allmählich wendest du dich um und lässt dich von der Strömung zurück ans Ufer treiben.

Bald spürst du wieder Boden unter den Füßen und gehst langsam aus dem Wasser an den Strand zurück.

Vielleicht möchtest du dich in den warmen Sand setzen,
noch einmal über das Meer schauen
und deinem Erlebnis nachspüren.

. . .

Die Reise ist hier zu Ende, aber du kannst die Augen noch geschlossen halten.

## Baumhaus

*Ziel der Übung:* das Erschaffen eines inneren „Kraftortes", der zu Zwecken der Ruhe, Entspannung und Regeneration immer wieder aufgesucht werden kann

*Dauer:* ca. 35 Minuten

Du befindest dich in einem dichten Wald.

Hier und dort fallen Sonnenstrahlen durch das Blätterdach und berühren sanft den Boden.

Der Boden unter deinen Füßen ist weich und gibt bei jedem Tritt nach.

Es duftet angenehm nach Erde, Pilzen und Moos.

Du hörst Vögel singen – und vielleicht kreuzt ein Reh deinen Weg.

Zwischen all den Bäumen steht ein ganz besonders großer Baum.

Du gehst näher.

Seine dicht belaubten Äste neigen sich bis zum Boden herab.

Auf dem Boden liegen Äste und Zweige.

Du sammelst sie und baust dir daraus ein Baumhaus.

Dann polsterst du es mit Moos aus und legst dich hin.

Geborgenheit und Stille umgeben dich.

Die Sonnenstrahlen, die durch die Ritzen deines Baumhauses scheinen, fallen sanft auf deinen Körper und wärmen ihn.

Dieses Baumhaus gehört dir.

Nur du kennst seine Existenz.

Hierher kannst du jederzeit zurückkommen, wenn du Ruhe und Geborgenheit brauchst.

. . .

Jetzt bist du am Ende deiner Geschichte angelangt.

Wenn du magst, kannst du die schönen Gefühle aus deinem Erlebnis in den Tag mitnehmen.

## Reinigung und Heilung durch Farben

*Ziel der Übung:*   innere Reinigung, Regenerierung und Aktivierung der körperlichen
                        Selbstheilungsprozesse
*Dauer:*           ca. 20 Minuten

Schließe die Augen. Atme dreimal tief ein und aus.

Stelle dir nun vor, dass bei jedem Ausatmen alle Giftstoffe deinen Körper verlassen; und alles, was dich belastet, verlässt ebenfalls deinen Körper.

. . .

Atme nun normal weiter, ohne an etwas zu denken.

Lasse die aufsteigenden Gedanken vorbeiziehen wie Wolken.

Und jetzt stelle dir vor, dass violette Farbe wie eine violette Flüssigkeit von oben in deinen Kopf hineinfließt.

Diese Flüssigkeit wird dein Inneres vollkommen reinigen.

Ablagerungen, die lange schon vorhanden sind, werden sich auflösen

und gleichzeitig alle körperlichen, gefühlsmäßigen und geistigen Belastungen.

Zunächst fließt die violette Flüssigkeit in kreisenden Bewegungen durch deinen ganzen Kopf.

Mit der inneren Reinigung entspannt sich auch dein Gesicht.

Die violette Flüssigkeit strömt weiter in kreisenden Bewegungen durch deinen Hals, umspült die Halswirbelsäule und verteilt sich in beiden Schultern und Schulter-blättern –

fließt durch die Arme und Hände, bis hinein in die Fingerspitzen.

Nun strömt die violette Flüssigkeit in deinen Oberkörper hinein,

in den Brustraum und die Rückenpartie und durch alle dort befindlichen Organe.

Wenn du das Gefühl hast, ein bestimmtes Organ oder einen bestimmten Bereich intensiver reinigen zu müssen, kannst du die violette Flüssigkeit bewusst jede einzel-ne Zelle dieser Zone durchströmen lassen.

Und weiter kreist die violette Flüssigkeit in den Bereich des Bauchraums und in den Unterleib.

Von dort aus fließt sie in die Hüften und fließt die Beine hinab,

bis zu den Füßen und dann tritt sie aus den Zehenspitzen aus.

. . .

Atme ein paarmal tief entspannt ein und aus –

und werde dir mit jedem neuen Atemzug bewusst, dass du innerlich gereinigt bist.

Atme normal ruhig weiter, ohne an etwas zu denken.

Stelle dir jetzt vor, dass eine goldene Flüssigkeit von oben in deinen Kopf hinein-fließt.

Die goldene belebende Flüssigkeit fließt durch deinen Kopf und dein Gesicht und beginnt, Freude und Lebendigkeit abzustrahlen.

Sie strömt weiter durch deinen Hals, durch die Halswirbelsäule

und verteilt sich in beiden Schultern, den Schulterblättern, Armen und Händen, bis hinein in die Fingerspitzen.

Nun fließt die goldene Flüssigkeit in deinen Oberkörper, den Brustraum und die Rückenpartie und in alle dort befindlichen Organe.

Wenn du das Gefühl hast, dass ein bestimmtes Organ oder ein bestimmter Bereich intensiver mit Energie versorgt werden muss, dann kannst du die goldene Flüssigkeit bewusst in jede einzelne Zelle dieser Zone einströmen lassen.

Und weiter kreist die goldene Flüssigkeit in den Bereich des Bauchraums und in den Unterleib.

Schließlich verteilt sie sich auch in den Hüften und fließt die Beine hinab, bis zu den Füßen und den Zehenspitzen.

. . .

Bleibe noch einen Moment lang liegen und spüre, welche Gefühle die Reinigung und die anschließende Energetisierung in deinem Körper hinterlassen haben.

Lasse dir Zeit und genieße noch einmal diesen erneuerten Zustand.

. . .

Wir sind nun am Schluss der Übung.


## Ängste überwinden[31]

*Ziel der Übung:*  mehr Mut zur Bewältigung von Ängsten im Lebensalltag
*Dauer:*  ca. 40 Minuten

Vor deinem inneren Auge entsteht eine Berglandschaft.

Mit jedem Atemzug wird die Szenerie klarer und klarer.

Du spürst den milden Wind auf deiner Haut und atmest die klare Luft.

Schau dich um und sehe die dich umgebenden hohen Berge.

Höre die Geräusche der Natur um dich herum.

Dann – direkt vor dir – erblickst du in einer Felswand ein Felsentor.

Neugierig gehst du näher und durchschreitest das Felsentor.

---

31  Nach einer Idee von Ishtar Kosanke. Text von der CD *Ängste überwinden und Kraft schöpfen* aus: Doris Kirch: *Die Anti-Stress-Box. Fünf CDs zum Meditieren und Entspannen für jeden Typ und jede Lebenslage.* Mankau Verlag.

Vor dir liegt ein Weg, der den Berg hinaufführt.

Er ist gewunden, eng, felsig und steil.

Dennoch: Der Weg zieht dich unwiderstehlich an und so beschreitest du ihn.

Nach den ersten Schritten bemerkst du plötzlich, dass du nicht alleine bist. Ein Begleiter hat sich zu dir gesellt.

Du schaust ihn an ... er ist dir fremd – und doch zugleich seltsam vertraut.

So als wenn er schon immer bei dir gewesen ist, du ihn jedoch zuvor noch nicht bemerkt hast.

Wenn du ihn so betrachtest, fühlst du ... Vertrauen ... und ... Zuversicht ... möglicherweise sogar ... Liebe.

Seine Gegenwart macht dir Mut, den unbekannten Weg weiterzugehen, denn du hast nun die Gewissheit, dass du ihn nicht alleine gehst.

Weiter erklimmst du den Weg, spürst deine Atemlosigkeit von dem anstrengenden Bergaufgehen.

Es geht nur langsam und mühselig voran.

Doch das Gefühl, nicht alleine zu sein, gibt dir Kraft.

Plötzlich endet der Weg abrupt an einer Felsenkante.

Vor dir liegt ein tiefer Abgrund, den du überqueren musst.

Erschreckt hältst du inne und spürst in dich hinein:

Kannst du es wagen?

Du bist dir deiner Angst bewusst und du weißt:

Was du jetzt brauchst, sind Mut und Vertrauen.

Verzweifelt drehst du dich um zu deinem Begleiter.

Er ist ganz ruhig.

Seine Ruhe erfüllt dich mit der Zuversicht, dem Mut und Vertrauen, die du jetzt brauchst.

Auch du wirst nun ganz ruhig,

bittest ihn, dir zu zeigen, wie du sicher auf die andere Seite kommst ... und gehst!

. . .

Du bist nun auf der anderen Seite des Abgrundes.

Vor dir breitet sich eine weite blühende Ebene aus.

In der Ferne zieht ein See deine Aufmerksamkeit auf sich.

Langsam gehst du näher.

Du bemerkst dabei, dass sich dein Begleiter noch immer an deiner Seite befindet.

Am Rande des Sees kniest du dich hin und schaust in das klare Wasser wie in einen Spiegel.

Dein Begleiter berührt das Wasser und es entsteht ein Bild, ein Szenario. Was siehst du?

Schau dir bewusst an, was du siehst, ohne es zu bewerten.

. . .

Als du wieder aufsiehst, nimmst du in der Nähe ein hohes, loderndes Feuer wahr.
Du gehst näher heran und dein Begleiter zeigt dir, dass das Feuer gar nicht heiß ist.
Er tritt mitten ins Feuer und lädt dich ein, ihm zu folgen.
Wenn du es wirklich willst, dann trete auch du ins Feuer.
Denn mitten in diesem Feuer darf alles, was dich bedrängt, von dir abfallen.
Alles, was sich überlebt hat, und alles, was dir nicht zum Guten dient, wird von der reinigenden Kraft des Feuers transformiert.
Du trittst wieder aus dem Feuer heraus
und fühlst dich leicht und befreit.
Du spürst die feste Erde unter deinen Füßen
und du nimmst die Schönheit der dich umgebenden Natur wahr
und du erlebst dich als Teil dieser Schöpfung.
. . .

Die Sonne versinkt langsam hinter den Bergen – es ist Zeit zurückzugehen.
Du befindest dich wieder am Felsentor, an dem dein Ausflug begann.
Du verabschiedest dich nun von deinem Begleiter – aber du weißt:
Es ist kein wirklicher Abschied:
Es gibt ein Band zwischen euch, das nicht getrennt werden kann.
Vielleicht gibt es zum Abschied noch etwas zu sagen ...
. . .

Du durchschreitest nun das Tor und kehrst allmählich in dein Tagesbewusstsein zurück.


## Stille und Frieden

*Ziel der Übung:* innere Stille, körperliche Ruhe und seelische Ausgeglichenheit
*Dauer:*          ca. 5 Minuten

Atme ein paarmal entspannt ein und aus.
Bei jeder Ausatmung presst du die Luft hörbar durch die leicht geöffneten Lippen hinaus.
Achte nun einige Atemzüge lang auf das Einatmen.
Mit jedem Atemzug saugst du durch die Nase – und gleichzeitig durch alle deine Poren – das stille, samtige Dunkel einer sternenklaren Nacht in dich hinein.
Spüre, wie der Schleier dieses Dunkels sich schützend um dich legt, wie alle Trennungen sich auflösen und wie sich alle Zellen des Körpers im Dunkel entspannen.
Fühle, wie sich im Inneren und Äußeren des Dunkels Stille in dir ausbreitet und alle deine Zellen erfüllt.

Nimm dein Bewusstsein im Kopf wahr und spüre, wie sich alle deine Gehirnzellen entspannen können,
weil sie von angenehmer Dunkelheit umhüllt und vom Dunkel erfüllt werden und nichts mehr tun müssen, in diesem Moment.
Spüre nun auch, wie sich das samtige Dunkel in deinem Bauch ausbreitet, alle Verkrampfungen sanft umhüllt, erfüllt und auflöst.
Schließlich richtest du deine Aufmerksamkeit in die Mitte deines Brustraums und fühlst, wie sich auch hier angenehme Dunkelheit ausbreitet und auch hier alles erfüllt und beruhigt.
Nachdem nun dein Körper von schützender Dunkelheit und tiefer Stille erfüllt ist, stellst du dich ganz entspannt auf die Schwingung von Frieden ein.
Vielleicht kannst du bemerken, dass in der Mitte deines Brustraums das Gefühl von Frieden ganz einfach da ist.
Lasse diese Schwingung von Frieden sich aus der Mitte des Brustraums überallhin sanft ausbreiten – in deinem ganzen Körper:
im Bauch und im Becken,
in den Beinen und in den Füßen,
in den Schultern, den Armen und den Händen,
im Hals, im Nacken und im Kopf.
Bleibe jetzt einfach ein paar Minuten so liegen –
ohne irgendetwas zu tun oder zu denken – einfach nur liegen – einfach nur … sein.
. . .

Komme nun langsam mit deinem Bewusstsein wieder in den Raum zurück, wo du jetzt bist.
Atme dazu dreimal ganz tief ein. Beim dritten Mal kannst du die Augen öffnen.
Fühle noch einmal nach innen und versuche festzustellen, ob du dich jetzt anders fühlst als zu Beginn der Übung.

*(Hier entfällt das Herausführen.)*

## Kraft schöpfen[32]

*Ziel der Übung:* sich vom Alltag distanzieren, Geschehnisse hinter
                   sich lassen, Regeneration
*Dauer:*           ca. 40 Minuten

Es ist Abenddämmerung und du gehst alleine am Strand spazieren.
Ein bewegter Tag liegt hinter dir.
Mit jedem Schritt fällt die Last des Tages mehr und mehr von dir ab.
Du atmest tief durch und schaust dich um.
Die untergehende Sonne hat alles um dich herum in leuchtend warme Farben ge-
taucht; Lichter glitzern auf dem Wasser.
Eine leichte Meeresbrise streicht über deine Haut.
Der Sand unter deinen Füßen gibt weich nach.
Du setzt dich hin und schaust verträumt über das Meer, dessen sanfte Wellen ans
Ufer schwappen.
Ein rhythmisches Kommen und Gehen ... Kommen und Gehen.
Du legst dich rückwärts in den wohlig warmen Sand und spürst diesen Rhythmus
des Meeres auch in deinem Atem ... einatmen, ausatmen ... einatmen, ausatmen.
Lasse dich vom Rhythmus der Wellen und vom Rhythmus deines Atems wiegen.
. . .

Der Meereswind ist frisch und kühl. Du atmest ihn tief in dich ein und du kannst
fühlen, wie sich mit jedem Atemzug Verspannungen in dir auflösen.
Jeder Atemzug in der salzigen, klaren Luft reinigt dich von allem Belastenden.
Du kannst spüren, wie sich der Atem in deinem Körper verteilt und alles mit sich
nimmt, das für dich entbehrlich ist.
Bis in den letzten Winkel deines Körpers kannst du deinen Atem senden und ihm
alles übergeben, was du jetzt loslassen möchtest.
Befreiendes, reinigendes, tiefes Atmen.
. . .

Du fühlst dich frei und leicht und du spürst nun, wie die Strahlen der Sonne deinen
Körper berühren und er das goldene Licht in sich aufnimmt.
Das Licht verteilt sich überall, fließt pulsierend durch deinen Körper
und belebt jede deiner Zellen.
Nimm die Energie der Sonne vollständig in dich auf und spüre die Macht ihres
Lichtes tief in dir.
Vielleicht kannst du sehen, wie sich jede Zelle deines Körpers mit dieser Lebenskraft
auflädt.

---

32    Text von der CD *Ängste überwinden und Kraft schöpfen,* aus: Doris Kirch: *Die Anti-Stress-Box. Fünf CDs
      zum Meditieren und Entspannen für jeden Typ und jede Lebenslage.* Mankau Verlag.

Genieße es, im Licht der untergehenden Sonne zu baden.
Lasse dich von ihrer Energie durchtränken, auftanken. Nimm so viel davon in dich auf, wie du möchtest.
. . .

Sei dir bewusst, dass du diesen Ort jederzeit wieder aufsuchen und dich mit Energie aufladen lassen kannst, wenn dir danach ist.


## Adlerflug[33]

*Ziel der Übung:* in der Schwere der alltäglichen Belastungen wieder Leichtigkeit erleben
*Dauer:* ca. 30 Minuten

Es ist ein wunderschöner Morgen.
Du bist in die Berge gefahren.
Indian Summer.
Der Himmel ist strahlend blau und die Luft ist frisch und klar.
Die Wolken ziehen langsam über dich hinweg, deine Gedanken ziehen mit ihnen.
Die Sonne wärmt deine Haut.
Angenehme Ruhe umfängt dich.
Aus weiter Ferne dringt der Ruf eines Adlers an dein Ohr.
Du durchschreitest den Wald auf dem Weg zum Rand des Canyons.
Der Weg ist steil und steinig – du kommst nur langsam voran.
Irgendwann lichtet sich der Wald.
Vor dir breitet sich ein weites Plateau aus.
Der Ruf des Adlers ist nun deutlicher zu vernehmen.
Du gehst weiter, bis du am Rande der Schlucht stehen bleibst.
Unendliche Weite.
Um dich herum die kraftvolle Schönheit der Natur.
Plötzlich siehst du den Adler.
Hoch über dir am Himmel zieht er seine Kreise.
Sein Ruf scheint dich zu locken.
Majestätisch durchzieht er den Canyon.
Du siehst ihm nach und in dir erwacht die Sehnsucht, ihm zu folgen.
Zu deinen Füßen breiten sich tiefe Schluchten aus, gesäumt von steinernen Terrassen.
Du schließt die Augen, breitest die Arme aus

---

33   Nach einer Idee von Eleonore Hoppe, Ausbildung Stressbewältigungs- und Entspannungstherapie (DFME), 2009.

und umfängst den Geist des Adlers.

Und dann spürst du einen Windstoß, der durch deine ausgebreiteten Schwingen streift – und lässt los ...

Aber du fällst nicht, denn der Wind trägt dich und mühelos schmiegst du dich den sanften Böen an.

Du fühlst die Leichtigkeit, die Mühelosigkeit, die unendliche Weite.

Unter dir die vertraute Erde wird immer kleiner.

Du bist ein Teil dieser Erde – und des Himmels.

Der Wind hebt dich der wärmenden Sonne entgegen.

In seinem eigenen Rhythmus trägt er dich empor und lässt dich schwerelos wieder sinken, um dich erneut in die Höhe zu heben.

Mühelos ziehst du deine Kreise, wechselnd der Sonne und der Erde entgegen – bis du müde wirst und schließlich wieder am Rand des Canyons landest.

Du weißt nun, dass Leichtigkeit, Freiheit und Freude ein Teil von dir sind – und dass du jederzeit zum Canyon zurückkommen und dich erneut in die Lüfte schwingen kannst.

Du nimmst dieses Bewusstsein in deinen Alltag mit.

. . .

Die Reise ist nun zu Ende.

Es ist Zeit, zurückzukehren in dein normales Leben.

## Inspiration und Intuition

*Ziel der Übung:* sich öffnen für intuitive Problemlösungen
*Dauer:* ca. 10 Minuten
*Anmerkung:* Diese Übung kann wertvolle Einblicke und Zusammenhänge und völlig unerwartete Hinweise auf Problemlösungen vermitteln. Sie kann an mehreren aufeinanderfolgenden Tagen durchgeführt werden. Jedes Mal sollten die Ergebnisse aufgeschrieben und miteinander verglichen werden.

Setze dich bequem hin und schließe deine Augen.

Lenke nun deine Aufmerksamkeit auf das Thema oder die Situation, zu der du Hilfe oder Unterstützung benötigst.

Das sollte in Form eines Wortes oder eines für die Situation charakteristischen Bildes geschehen, das dein Thema kennzeichnet.

. . .

Stelle dich auf das Wort, das Bild oder auf die Schwingung ein, die du mit diesem Zusammenhang assoziierst.

. . .

Nehme dieses Wort, das Bild oder die entsprechende Schwingung
entweder vor die Mitte deiner Brust oder über deinen Kopf.
Tue ansonsten gar nichts.
Halte einfach deine Aufmerksamkeit auf dem Wort, dem Bild oder der Schwingung
deines Themas gesammelt.

. . .

Und nun schaue mit deinem „inneren Auge", ob sich das Bild, das Wort oder die
Schwingung verändern. „Passiert" etwas damit? Schaue und spüre, ohne etwas Bestimmtes zu erwarten.

. . .

Nimm alles an, auch jedes kleine Detail, das jetzt vor deinem geistigen Auge auf-
taucht – auch wenn es dir zunächst merkwürdig erscheinen mag.
Ziehe nun deine Aufmerksamkeit von dieser bewussten Beobachtung zurück.
Lass das Thema einfach los.
Du brauchst jetzt zwei Minuten lang gar nichts zu tun.

. . .

Beende die Übung jetzt damit, dass du dreimal tief einatmest, die Augen öffnest
und dich wieder in dem Raum orientierst, in dem du jetzt bist.

*(Hier entfällt das Herausführen.)*

## Selbstreflexion

Nach einer Idee von Stefan Adams.[34]

*Ziel der Übung:* sich mit dem Bild das man über sich selbst hat und das andere
über einen haben, auseinandersetzen
*Dauer:* ca. 40 Minuten
*Anmerkung:* Zwischendurch viel Zeit zum Imaginieren lassen!

Gestatte dir, dich in deiner Fantasie von deinem Körper zu lösen.
Du gleitest langsam in einen imaginären Zwischenraum, in dem Zeit und Raum
ihre Bedeutung verlieren.
Dein Geist wird so weit wie der Himmel und in deiner Vorstellung bist du frei, dich
an jeden beliebigen Ort zu versetzen.
Und überall, wo du bist, kannst du hören, wenn über dich gesprochen wird.
Du kannst dort anwesend sein, alles hören und sehen, während du für alle anderen
unsichtbar bist.

---

34  Siehe Literaturverzeichnis.

Niemand kann dich bemerken.

Vielleicht kennst du die Anwesenden – vielleicht auch nicht, das ist jetzt völlig ohne Bedeutung.

Du bist ganz ruhig und lauschst einfach nur den Anwesenden, die über dich reden.

. . .

Zunächst befindest du dich – für niemanden wahrnehmbar – auf einer fröhlichen Familienfeier.

Fühle dich ins Geschehen hinein und erfasse die Feier mit allen Sinnen.

Blicke dich um und schau dir an, wer zu der Feier gekommen ist.

Du siehst und hörst, wie sich deine Verwandten unterhalten.

Irgendwann kommt das Gespräch auf dich.

Höre einfach zu, was deine Verwandten in deiner scheinbaren Abwesenheit über dich sagen.

. . .

Du findest dich nun an einem neuen Schauplatz wieder:

ein Treffen deiner Freunde in ausgelassener Runde.

Auch hier dreht sich das Gespräch um dich.

Was erzählt man sich über dich?

Welche Meinung haben deine Freunde von dir?

. . .

Löse dich aus dieser Situation und reise in deiner Fantasie vorwärts in die Zukunft.

Du befindest dich nun in einem Fernsehstudio.

Du wurdest als Gast eingeladen.

Um welches Thema geht es in dieser Sendung?

Wie bist du ins Fernsehen gekommen?

. . .

Wechsle wieder die Kulisse.

Stelle dir vor, du bist in einem Vorstellungsgespräch.

Deine Gesprächspartner sind sehr freundlich.

Sie sind an dir interessiert und sie möchten dich gerne kennenlernen.

Du wirst gebeten, dich selbst zu beschreiben.

Alles, was du über dich preisgibst, wird vertraulich behandelt.

Wie möchtest du von den Anwesenden gesehen werden?

Welche Eigenschaften findest du an dir selbst am bedeutungsvollsten?

Welche Schwächen gibst du freimütig zu?

Wie stellst du dich dar?

## 9.4 Interaktive Imaginationen

Denken Sie daran, den Angeleiteten ausreichend Zeit zwischen den Sätzen zu lassen, damit sie sich in die Vorgaben einfühlen können.

### Haus[35]

„Stell dir das Haus (ein Haus) deiner Kindheit vor.
Schau dir das Haus von außen an.
Schaue es dir gut an.
Wenn du damit fertig bist, gehe hinein.
Schaue dich um. Wie sieht es dort aus?
Gehe in ein Zimmer hinein.
Was siehst du dort?
Kannst du einen bestimmten Geruch wahrnehmen?
Ist jemand dort, triffst du jemanden?
Siehst du einen Gegenstand, der dich besonders anspricht?
Verlasse das Zimmer wieder.
Schaue dich noch einmal im Haus um und überlege, was du gerne umbauen würdest.
Baue alles um, das du gerne anders haben möchtest.
Dann löse dich von den Bildern dieses Hauses.
Stelle dir dann ein Haus vor, in dem du gerne wohnen möchtest.
Wo liegt es? Wie sieht es aus? Gestalte dir ein Haus nach deinen kühnsten Wünschen und Vorstellungen."

### Wasser[35]

„Stell dir Wasser vor.
Wo befindest du dich im Bild?
Wenn dein Wasser bewegt ist, folge seinem Lauf.
Nimm das Wasser wahr, die Umgebung, durch die es fließt.
Wohin fließt das Wasser?
Wenn das Wasser, das du siehst, ein ruhendes Wasser ist, bleib ganz ruhig bei diesem Wasser.
Nimm das Wasser, die Umgebung und auch dich selbst wahr.
Nimm auch das Wetter wahr.
Welches Gefühl löst das Wasser in dir aus?"

---

35    Diese Anleitung kann angepasst auch als Imaginationsübung für Gruppen angeleitet werden.

## Baum[35]

„Stell dir einen Baum vor.
In welcher Umgebung steht dieser Baum?
Wie ist das Wetter?
Sieh dir diesen Baum genau an – von ferne und von ganz nah.
Wie sieht er aus?
Wie sehen seine Wurzeln aus, sein Stamm, seine Äste und Zweige,
seine Blätter, seine Krone und seine Rinde?
Kannst du ihn berühren? Wie fühlt sich das an?
Kannst du ihn riechen?
Kommen andere Menschen zu dem Baum?"

## Der innere Begleiter[35]

„Stell dir vor, du gehst auf eine geheimnisvolle Reise, auf der du einigen Herausfor-
derungen begegnen wirst.
Wen nimmst du als deine Begleiterin oder deinen Begleiter mit?
Es sollte keine Person aus deinem Alltagsleben sein
und es ist auch okay, wenn es ein Tier oder sonst jemand ist.
Vielleicht hast du auch nur ein Gefühl von etwas.
Versetze dich mit deiner Begleiterin oder deinem Begleiter in eine Landschaft.
Was siehst du um dich herum?"

## „Sicherheits"-Formulierung

„Sollte dir dein innerer Begleiter nicht behagen, dann suche nach einem anderen."
(Pause) „Falls dir auch dieser nicht passend erscheint, kannst du auch auf einen
inneren Begleiter verzichten."

## Wenn die Bilder versiegen

„Stelle dir jetzt einen Bach oder einen Fluss vor.
Nimm wahr, durch welche Umgebung er fließt.
Im Bachbett oder Flussbett stellen sich Hindernisse dem Fließen des Wassers ent-
gegen.
Schau dir diese Hindernisse genau an und beobachte, wie sich das Wasser dennoch
seinen Weg sucht.
Du hast jetzt die Möglichkeit, dich selbst als das Wasser zu fühlen.
Fühle dich in das Wasser hinein und schaue, wie du trotz der Hindernisse deinen
Weg findest."

## 9.5 Herausführen

### Herausführen aus einer leichten Trance:

Wir sind mit unserer Übung nun am Ende.
Wenn du magst, lasse die Augen noch einen Moment geschlossen.
Mache ein paar tiefe Atemzüge, öffne dann die Augen, wenn du dazu bereit bist –
und sei wieder ganz wach.

### Herausführen aus einer mittleren Trance:

Unsere Übung ist jetzt zu Ende.
Bitte lasse die Augen noch geschlossen, denn ich führe dich jetzt wieder zurück ins
wache Bewusstsein und in den Alltag.
. . .

Du wirst langsam wieder wacher.
. . .

Du kannst wahrnehmen, dass deine Gedanken wieder reger werden.
. . .

Deine Umgebung wird immer deutlicher.
. . .

Dein normales Körpergefühl kehrt zurück.
. . .

Spüre noch einmal bewusst in deinen Körper hinein.
. . .

Dann atme ein paarmal tief und bewusst ein und aus,
bewege dabei Arme und Beine,
und wenn du bereit bist,
mach die Augen auf
und sei wieder ganz wach!

## Herausführen aus einer tiefen Trance:

*Lassen Sie ausreichend Zeit zwischen den einzelnen Anweisungen. Bei der Hypnose wird nicht nur von fünf bis eins, sondern sogar von zwanzig bis eins zurückgezählt. Nach einer vielleicht zweistündigen Sitzung ist das auch angemessen.*

Du schwebst noch zwischen Tag und Traum.
Wir sind mit unserer Übung nun am Ende,
aber noch kannst du die Augen geschlossen halten.
Meine Stimme führt dich wieder in den Raum zurück, wo du jetzt bist.
. . .

Du wirst langsam ein wenig wacher.
Die Gedanken werden wieder aktiv.
Wärme und Schwere beginnen langsam nachzulassen.
Die Schwere wird langsam schwächer.
Die Wärme lässt langsam nach.
Meine Stimme macht deinen Körper wieder normal warm.
Meine Stimme macht deinen Körper wieder normal schwer.
. . .

Du fühlst dich leichter und beweglicher und
dein normales Körpergefühl kehrt zurück.

Ich zähle nun rückwärts von fünf bis eins.
Bei eins wirst du wach sein.
Du wirst dich sehr wohl und entspannt fühlen.
5
Alles erhält wieder seine gewohnte Wichtigkeit.
4
Deine Umgebung wird langsam deutlicher.
3
Atme bewusst tief ein und aus.
2
Bei eins öffnest du die Augen und kehrst ins volle Bewusstsein zurück.
1

# Verzeichnis der Musteranleitungen für Fantasiereisen und Imaginationen

In alphabetischer Reihenfolge:

# Empfehlenswerte und weiterführende Literatur

## Weitere Veröffentlichungen von Doris Kirch

Kirch, Doris: *Handbuch Stressbewältigung. Mit Audio-CD.* Mankau Verlag 2009.
Ein Grundlagenwerk zum Thema Stress und Stressbewältigung. Wissen, Methoden, Strategien, Übungen und Verhaltensweisen zur Stressbewältigung. Die Tigerstrategie: Fünf Schritte zum Leben ohne Stress.

Kirch, Doris: *Die Anti-Stress-Box. Fünf CDs zum Entspannen und Meditieren für jeden Typ und jede Lebenslage. Mit Begleitbuch.* Mankau Verlag 2010.
Autogenes Training – Progressive Muskelentspannung nach Jacobson – Geführte Meditationen – Begleitung auf dem Arbeitsweg – Musikalische Tiefenentspannung.

Kirch, Doris: *Der Stress-Coach. Die 54 wichtigsten Fragen an den Stress-Coach.* Junfermann 2010.
Auch wenn der Chef und die Kollegen nerven und am heimischen Herd die Fetzen fliegen: Selbst gegen diesen Stress sind Kräuter gewachsen. In diesem Buch erfahren Sie, wie Sie durch veränderte innere Einstellungen und leicht umzusetzende Strategien mehr Gelassenheit am Arbeitsplatz und in der Familie einkehren lassen.

Kirch, Doris: *10 Goldene Regeln für Stress-Junkies.* Mankau 2010.
Ein „Anti-Ratgeber", in welchem mit einem Augenzwinkern und feinem Humor präsentiert wird, wie man seinen täglichen Adrenalin-Kick noch ein wenig steigern kann.

## Ergänzend zu diesem Buch

Achterberg, Jeanne: *Heilung durch Gedankenkraft. Die heilende Kraft der Imagination.* Scherz 1993.
Die Ärztin beschreibt anschaulich, wie man seine Gesundheit mittels Imagination positiv beeinflussen – und möglicherweise sogar Heilung herbeiführen kann.

Adams, Stefan: *Neue Fantasiereisen.* Don Bosco 2004.
Der Autor kommt meinem Anspruch an die Qualität von Fantasiereisen und Imaginationen, wie ich sie in diesem Buch dargestellt habe, sehr nahe. Kein Wunder, dass ich sein Buch gut finde ;o) Der fachliche Teil erstreckt sich nur über wenige Seiten, aber die Anleitungen sind durchweg sehr praktikabel und überaus fantasievoll. Besonders gefällt mir, dass er viele Fragestellungen und kreative Möglichkeiten anbietet, um das jeweils Erlebte zu verarbeiten und zu integrieren. Hier gibt's nicht viel umzuschreiben – mit diesen Anleitungen können Sie gleich loslegen.

**Blakeslee, Thomas R.:** *Das rechte Gehirn. Das Unbewusste und seine schöpferischen Kräfte.* **Aurum 1988.**
Der Autor führt in die überaus interessanten Erkenntnisse der Hirnforschung – und vor allem in die Funktion und das Potenzial unserer rechten Gehirnhälfte ein. Ein Buch, das nachdenklich macht. Obwohl viel wissenschaftliches Material verwendet wurde, ist es sehr anschaulich geschrieben. Was wohl alles möglich ist, wenn wir beginnen, unser Hirn vollständig zu nutzen?

**Cayce, Edgar:** *Du weißt, wer du warst.* **Goldmann 2000.**
Ein interessantes, spannendes Buch zum Thema Reinkarnation und eigene Wiedergeburt.

**Dahlke, Ruediger & Margit:** *Meditationsführer.* **Schirner Verlag 1999.**
Ein wahres Füllhorn an Fantasiereisen und Imaginationen. Die wenigsten Anleitungen würde ich in der abgedruckten Form übernehmen. Überarbeiten Sie die Geschichten oder lassen Sie sich zu eigenen Anleitungen inspirieren – dafür ist das Buch wirklich klasse.

**Gawain, Shakti:** *Stell dir vor.* **Rowohlt-Tb. 1994.**
Ach, ich liebe sie, die Shakti. Eine spirituell unterwanderte Psychologin, die mit ebenso viel Sachverstand wie Liebe schreibt – und überhaupt so schreibt, dass Lesen zum Vergnügen wird. In diesem schmalen Taschenbuch finden Sie in übersichtlichen Kapiteln und geraffter Form alles, was Sie schon immer über Visualisierungen und Affirmieren wissen wollten.

**Grof, Stanislav:** *Die Psychologie der Zukunft.* **Edition Astrodata 2002.**
Der Psychiater hat jahrzehntelang außergewöhnliche Bewusstseinszustände erforscht und führt in diesem Buch die Resultate seiner wissenschaftlichen Untersuchungen zusammen. Themen: Heilendes Potenzial außergewöhnlicher Bewusstseinszustände, spirituelle Krisen, biografische, perinatale und transpersonale Bereiche der Psyche, die Architektur emotionaler und psychosomatischer Störungen, Erfahrungen von Tod und Sterben, transpersonale Perspektive der globalen Krise, Psyche und Kosmos. Ein außergewöhnliches Buch eines außergewöhnlichen Mannes über außergewöhnliche Themen. Machen Sie sich bereit für eine neue Kartografie unseres Seins.

**Lazarus, Arnold:** *Innenbilder. Imagination in der Therapie und zur Selbsthilfe.* **Klett-Cotta 2006.**
Der Verhaltenstherapeut zeigt Therapeuten und Laien auf, wie innere Bilder zur Überwindung von Ängsten, Depressionen und mangelndem Selbstwertgefühl eingesetzt werden können.

**Löhmer, Cornelia & Standhardt, Rüdiger:** *Die Kunst, sich selbst und eine Gruppe zu leiten: Einführung in die Themenzentrierte Interaktion.* **Klett-Cotta 2006.**
Ein sehr praktisches Buch mit leicht umzusetzenden Regeln zum Verbessern des Kommunikationsverhaltens. Wenn wir uns alle daran halten würden, wären unsere Gespräche und Gruppenerlebnisse authentischer, freudvoller und konstruktiver.

**Maschwitz, Gerda & Rüdiger:** *Phantasiereisen zum Sinn des Lebens.* **Kösel 2003.**
Maschwitzens sind Experten auf dem Gebiet. In diesem Buch bieten sie viel Hintergrundwissen zum Thema und etliche Anleitungen für Kinder, Jugendliche und Erwachsene. Man merkt, dass viel praktische Erfahrung in diesem Buch steckt.

**Reddemann, Luise:** *Imagination als heilsame Kraft.* **Klett-Cotta 2007.**
Ein einfühlsames Buch zur Überwindung von Traumafolgen mittels imaginativer Übungen.

**Rosenberg, Marshall B.:** *Gewaltfreie Kommunikation.* **Junfermann 2002.**
Das Grundlagenwerk zum Thema. Auch wenn wir unsere Art zu reden nicht für „gewalttätig" halten, sorgen unsere Worte doch häufig für Verletzungen und Leid. Rosenberg zeigt einen Weg auf, wie wir unsere Anliegen klar ausdrücken können und uns anderen gegenüber trotzdem respektvoll verhalten.

Silva, José & Stone, Robert: *Der Heiler in dir.* Goldmann 1990.
Ein Standardwerk zum Erlernen der Silva-Mind-Control-Technik. Leicht verständlich mit unzähligen Anleitungen für die verschiedensten Probleme und Lebenslagen.

## „Startset" zur Symboldeutung

Dahlke, Rüdiger: *Krankheit als Symbol.* Bertelsmann 1996.
Das fundierteste medizinische Kompendium über die psychologisch-symbolische Deutung von Körperteilen, Organen und bekanntesten Krankheitssymptome. Dieses Nachschlagewerk sollte bei niemandem fehlen, der im medizinisch-psycho-sozialen Bereich arbeitet.

Herder 1994: *Lexikon der Symbole.*
Dieses Nachschlagewerk im Taschenbuchformat beinhaltet die eintausend wichtigsten Symbole und beschreibt sie in kurzer und verständlicher Form.

Vollmar, Klausbernd & Lenz, Konrad: *Traumdeutung. Träume selbst deuten und verstehen.* GU 2006.
Praktisches Nachschlagewerk zur tiefenpsychologischen Symboldeutung. Leicht verständlich und schön gestaltet.

Jung, Carl Gustav: *Der Mensch und seine Symbole.* Walter Verlag 1982.
Und wenn Sie's nun ganz genau wissen wollen und das Thema Sie fasziniert, sind Sie mit diesem Buch gut bedient. Der Meister unserer Innenwelten stellt in umfassender Form und aus tiefenpsychologischer Sicht dar, wie sehr unser Unterbewusstsein und unser äußeres Leben durch Symbole beeinflusst sind.

## Über die Autorin

Doris Kirch (geb. 1961) ist Gründerin und Leiterin des Deutschen Fachzentrums für Stressbewältigung (DFME), Vorsitzende der Deutschen Gesellschaft für Meditationskultur e.V., Autorin mehrer Sachbücher und Zen-Schülerin seit 1985. Sie gab 1989 ihre Tätigkeit im Management auf und arbeitet seitdem als Dozentin, Seminarleiterin und Coach im Gesundheitswesen mit Schwerpunkt Stressbewältigung, Entspannungsverfahren und Meditation.

Sie wirkte federführend an einem Zertifizierungssystem für einen verlässlichen Ausbildungs-Qualitätsstandard in dem noch jungen Fachbereich Stressbewältigung mit, aus dessen Kriterien sie später die Basis-Fachausbildung Stressbewältigungs- und Entspannungstherapie DFME® entwickelte.

### Kontakt:

**Deutsches Fachzentrum
für Stressbewältigung (DFME)**
Tegelkamp 28
26131 Oldenburg

···⟩ Kurse und Seminare
···⟩ Betriebliches Gesundheitsmanagement
···⟩ Ausbildung von Fachpersonal
···⟩ Coaching und Beratung

www.dfme.de
www.der-stresscoach.de
www.stressbewaeltigungs-und-entspannungstherapie.de

## Die Ausbildung Stressbewältigungs- und Entspannungstherapie (DFME)®

Bei der **Stressbewältigungs- und Entspannungstherapie** handelt es sich um eine methodenübergreifende, praxisorientierte Basisqualifizierung für jegliche Arbeit im Bereich Stressbewältigung, Entspannung und Meditation. Dazu gehört auch das sichere Beherrschen verschiedener bewährter Methoden und Techniken, die sich dadurch auszeichnen, dass sie hoch effektiv und dennoch einfach erlernbar sind.

Die Absolventen sind Fachkräfte, die darauf spezialisiert sind, entspannungspädagogische Gruppen- und Einzelsitzungen sowie Coachings mit Menschen jeden Alters professionell zu planen und anzuleiten.

Durch das vermittelte Wissen und die Selbsterfahrung während der anderthalbjährigen Ausbildungszeit sind unsere Absolventen kompetente Gruppenleiter und einfühlsame Gesprächspartner in der Einzelarbeit und im Coaching.

Entwickelt wurde die Ausbildung 1998 von Doris Kirch. Seitdem wurde sie fortlaufend den Anforderungen der Praxis angepasst.

„Therapie" ist in diesem Zusammenhang nicht medizinisch, sondern als Unterstützung der Selbstwirksamkeit zu verstehen.

*Mehr Informationen:*
www.stressbewaeltigungs-und-entspannungstherapie.de

# Notizen

# Notizen

# Notizen

**Notizen**

# Notizen

**mankau**

Bücher, die den Horizont erweitern

## Weitere Veröffentlichungen von Doris Kirch:

**Mit Übungs-CD!**

### Handbuch Stressbewältigung

**Lernen Sie in fünf Schritten,
den Tiger zu zähmen**

19,95 € (D)   ISBN 978-3-938396-34-6

Die Autorin lehrt erfolgreiche Methoden der Stressbewältigung. Der einzigartige Ratgeber ist die Essenz aus ihrer langjährigen Arbeit. Ein Standardwerk!

### Anti-Stress-Box (5 CDs)

**Anleitungen und Übungen
für jede Lebenslage**

29,95 € (D)   ISBN 978-3-938396-40-7

Je nach Stimmung und Situation bietet diese Box verschiedene Möglichkeiten, um Ihre tägliche Entspannung und Regeneration zu unterstützen.

**Ein freches Geschenkbuch mit feinem Humor!**

### 12 Goldene Regeln für Stress-Junkies

**Steigern Sie Ihren täglichen
Adrenalin-Kick!**

**Ein Anti-Ratgeber**

9,95 € (D)   ISBN 978-3-938396-43-8

Alle reden von Entspannung – aber ist das wirklich Ihr Ding? Mit einem Augenzwinkern präsentiert die Autorin im vorliegenden Anti-Ratgeber ihre „12 Goldenen Regeln für Stress-Junkies".

Bestellmöglichkeit und Internetforum: **www.mankau-verlag.de**

# Die besondere „Auszeit"

## Ernest Rossi & David Nimmons
## 20 Minuten Pause

Wenn wir unser Erholungsbedürfnis ständig missachten, fühlen wir uns sehr bald gestresst und erschöpft und entwickeln eine Vielzahl an psycho-somatischen Krankheiten. Rossi und Nimmons zeigen uns in diesem Buch, wie wir einen derartigen seelischen und körperlichen Zusammenbruch verhindern können, indem wir lernen, die Signale unseres Körpers zu erkennen und uns angewöhnen, zu Hause oder am Arbeitsplatz eine besondere Art von Pause zu machen.

192 Seiten, kart. • € (D) 22,00 • ISBN 978-3-87387-670-5

**Ernest Rossi** (Foto), Therapeut und Forscher auf dem Gebiet der Psycho-biologie. Er arbeitete zehn Jahre lang mit Milton H. Erickson zusammen.

**David Nimmons** ist Schriftsteller und hat als Co-Autor bei vielen Bestsellern aus der Welt der Medizin und Psychologie mitgearbeitet

## SHOPVORTEILE

• Kostenloser Versand – weltweit!
• Kein Mindestbestellwert.
• Lieferung innerhalb von 1–2 Tagen.
• Zahlung per Rechnung oder PayPal.

# www.junfermann.de

Wir behalten uns eine Benutzung des Werkes für
Text und Data Mining i.S.v. § 44b UrhG vor.

Junfermann Verlag GmbH, Driburger Straße 24d,
D-33100 Paderborn, Tel.: +49 5251 1344-0,
E-Mail: infoteam@junfermann.de